Aprenda a compartilhar

Um Amor que Vale a Pena

Max Lucado

Aprenda a compartilhar

Um Amor que Vale a Pena

Tradução: Carla Mary Ribas

CPAD

Título do original em inglês: *A Love Worth Giving*
Word Publishing Group, Nashville, TN, EUA.
Primeira edição em inglês: 2002

Tradução: Carla Mary Ribas
Preparação dos originais: Reginaldo de Souza
Revisão: Alexandre Coelho
Capa, projeto gráfico e editoração: Rafael Paixão

CDD: 242 - Devocional
ISBN: 85-263-0591-3

As citações bíblicas foram extraídas da versão Almeida Revista e Corrigida, edição de 1995, da Sociedade Bíblica do Brasil, salvo indicação em contrário.

Para maiores informações sobre livros, revistas, periódicos e os últimos lançamentos da CPAD, visite nosso site: http://www.cpad.com.br

Casa Publicadora das Assembléias de Deus
Caixa Postal 331
20001-970, Rio de Janeiro, RJ, Brasil

1ª edição/2003

6ª Edição 2008

A minha filha Jenna, por seu décimo oitavo aniversário.

Nenhum pai jamais poderia imaginar a imensa alegria e

o profundo orgulho que senti. Eu amo você.

Agradecimentos

Muitas pessoas queridas deixaram suas impressões digitais nestas páginas.

Liz Heaney e Karen Hill — Somente o seu talento supera a sua paciência. Obrigado pela excelente edição.

Steve e Cheryl Green — Vocês podem acreditar? Três décadas de amizade! Obrigado por manterem este barco no rumo certo.

Susan Perry — Obrigado pela doçura de espírito que você acrescenta ao nosso escritório.

Igreja de Cristo em Oak Hills — Estamos vivendo em uma época de respostas a orações. E vocês são a resposta a uma das minhas.

Equipe "Word" — Vocês não são apenas os meus editores; são a minha família.

Carol Bartley e Laura Kendall — Estou em débito com vocês pelo conjunto de correções que fizeram neste manuscrito.

Charles Shinn — Parceiro de orações, companheiro de golfe, pastor, um grande amigo. Obrigado por estar conosco.

Charles Prince — Um estudioso agradável e querido conselheiro.

Steve Halliday — Seu guia de discussão é espetacular! Obrigado por outro grande trabalho.

Jenna, Andrea e Sara — Vocês causam ciúmes a outros pais, e deixam este pai radiante. Eu amo vocês.

Denalyn — Um rapaz poderia perder-se em seus olhos castanhos.

A você, leitor — Desejo que encontre um amor valioso.

E a ti, Senhor, nosso Pai celestial — Pode um dedal conter um oceano? Pode uma pessoa sem talento musical tocar Mozart? Pode um rato compreender a majestade das Montanhas Rochosas? Claro que não. E será que meras palavras seriam capazes de expressar o seu amor? De maneira nenhuma. Mas encontramos alegria na simples tentativa de fazê-lo.

Sumário

CAPÍTULO
UM

O Princípio 7.47

"Nós o amamos porque ele nos amou primeiro"
1 João 4.19

Deus Ama Você. Pessoalmente. Poderosamente. Apaixonadamente.

Outros prometeram e falharam.

Mas Deus prometeu e cumpriu.

Ele ama você com um amor inesgotável.

E seu amor — se você permitir — pode lhe completar,

E levá-lo a possuir um amor que vale a pena.

Poderiam duas pessoas ser mais diferentes?

Ele é muito admirado e respeitado. Ela é menosprezada.

Ele é um líder na igreja. Ela é uma prostituta.

Ele vive estabelecendo regras. Ela vive quebrando-as.

Ele é o anfitrião da festa. Ela entra sem ser convidada.

Se pedirmos aos outros habitantes de Cafarnaum para que indiquem quem é o mais piedoso dos dois, eles indicarão Simão. Porque, afinal, ele é um estudante de teologia, um homem do clero. Qualquer pessoa o escolheria. Qualquer pessoa, exceto Jesus. Ele conhecia a ambos. E escolheria a mulher. Jesus não só escolhe a mulher, como diz o porquê a Simão.

Não que Simão quisesse sabê-lo. Está pensando em outra coisa. *Como esta prostituta entrou em minha casa?* Ele não sabe com quem gritar primeiro, com a mulher ou com o criado que a deixou entrar. Afinal, este jantar é uma reunião formal. Somente para convidados. A classe alta. A nata. Quem deixou entrar a ralé?

Simão está zangado. *Olhem para ela, rastejando aos pés de Jesus. Beijando-os, era só o que faltava! Ora, se Jesus fosse quem diz ser, não teria nenhum tipo de contato com esta mulher.*

Uma das lições que Simão aprendeu naquele dia foi esta: não tenha pensamentos que você não quer que Jesus ouça. Pois Jesus ouviu-os, e quando isso ocorreu, decidiu compartilhar uma parte de si.

> E, respondendo, Jesus disse-lhe: Simão, uma coisa tenho a dizer-te. E ele disse: Dize-a, Mestre. Um certo credor tinha dois devedores; um devia-lhe quinhentos dinheiros, e outro, cinqüenta. E, não tendo eles com que pagar, perdoou-lhes a ambos. Dize, pois: qual deles o amará mais? E Simão, respondendo, disse: Tenho para mim que é aquele a quem mais perdoou. E ele lhe disse: Julgaste bem. E, voltando-se para a mulher, disse a Simão: Vês tu esta mulher? Entrei em tua casa, e não me deste água para os pés; mas esta regou-me os pés com lágrimas e mos enxugou com os seus cabelos. Não me deste ósculo, mas esta, desde que entrou, não tem cessado de me beijar os pés. Não me ungiste a cabeça com óleo, mas esta ungiu-me os pés com ungüento. Por isso, te digo que os seus muitos pecados lhe são perdoados, porque muito amou; mas aquele a quem pouco é perdoado pouco ama (Lc 7.40-47).

Simão convida Jesus a sua casa, mas trata-o como um parente indesejado. Um tio distante. Sem as costumeiras gentilezas. Sem o beijo de saudação. Sem providenciar que seus pés fossem lavados. Sem óleo para a cabeça.

Ou, em termos mais atuais, ninguém abriu a porta para Ele, pegou seu casaco ou apertou sua mão. Até mesmo o Conde Drácula teria sido mais cortês.

Simão não faz nada para que Jesus se sinta bem-vindo. No entanto, a mulher faz tudo o que Simão não fez. Não sabemos o nome dela. Somente conhecemos a sua reputação: uma pecadora. Mais provavelmente uma prostituta. Ela não tem convite para a festa e nem posição na comunidade. (Imaginem uma prostituta em um vestido apertado comparecendo à festa de Natal do pastor. As pessoas se voltam para vê-la e enrubescem. Oh!)

Mas as opiniões das pessoas não a impediram de comparecer. Ela não veio por causa delas. Ela veio por Ele. Cada gesto seu é medido e cheio de significado. Cada gesto é extravagante. Ela encosta seu rosto nos pés dEle, ainda cobertos com a poeira do caminho. Não tem água, mas tem lágrimas. Não tem toalha, mas tem seus cabelos. Usa ambos para lavar os pés de Cristo. Como diz uma tradução, "choveu lágrimas" sobre seus pés (v. 44 — MSG). Abre um frasco de perfume, talvez a única coisa de valor que possui, e aplica o perfume em seus pés. O aroma é tão inevitável como a ironia.

Alguém poderia pensar que Simão, mais que todas as pessoas, mostraria um amor como este. Não é ele o reverendo da igreja, o estudioso das Escrituras? Mas ele é ríspido, distante. Outros certamente achariam que a mulher procuraria evitar a Jesus. Não é ela a mulher da noite, a mulher vil da cidade? Mas ela não pôde resistir a Ele. O "amor" de Simão é medido e mesquinho. Por outro lado, o amor dela é extravagante e arriscado.

Como explicamos a diferença entre os dois? Treinamento? Educação? Dinheiro? Não, porque Simão a supera nestas três áreas.

Mas existe uma área em que a mulher deixa Simão muito para trás. Pensemos nisso. O que ela descobriu, e Simão não? Qual é o tesouro que ela estima, e Simão não? É simples. O amor de Deus. Não sabemos quando ela o recebeu. Não sabemos como ouviu falar dele. Será que ouviu casualmente as palavras de Jesus: "Vosso Pai é misericordioso" (Lc 6.36)? Será que ela estava nas proximidades quando Jesus mostrou compaixão pela viúva de Naim? Será que alguém lhe havia contado como Jesus tocou os leprosos e converteu os coletores de impostos em discípulos?

Não sabemos. Mas sabemos que ela tinha muita sede. Sede gerada pela culpa. Sede devido ao arrependimento. Sede pelas inúmeras noites em que buscou o amor e não o encontrou. Ela era uma pessoa sedenta.

E quando Jesus lhe passa o cálice da graça, ela bebe. Não apenas prova ou sente o sabor. Não mergulha o dedo e o lambe, ou pega o cálice e toma pequenos goles. Leva o líquido aos seus lábios e bebe, engolindo com voracidade como uma peregrina sedenta que é. Bebe até que a misericórdia escorra por seu queixo, pescoço e peito. Bebe até que cada centímetro de sua alma esteja umedecido e tenro. Ela tem muita sede e bebe. Bebe profundamente.

Simão, por sua vez, nem sabe que tem sede. Pessoas como Simão não precisam da graça; analisam a graça. Não pedem misericórdia; promovem disputas e debates. Não é que Simão não pudesse ser perdoado; ele simplesmente nunca pede para ser perdoado.

Assim, enquanto ela bebe, ele se infla. Enquanto ela tem um imenso amor para dar, ele não tem amor para oferecer. Por quê? Devido ao princípio 7.47. Leia novamente o versículo 47 do capítulo 7: "... aquele a quem pouco é perdoado pouco ama". Assim como o Jumbo 747, o princípio 7.47 tem grandes asas. Como o avião, esta verdade pode erguer a sua vida até um outro nível. Leia uma vez mais: "... aquele a quem pouco é perdoado pouco ama". Em outras palavras, não podemos dar o que nunca recebemos. Se nunca recebemos amor, como podemos amar aos outros?

Mas como tentamos amar! Como se pudéssemos produzir amor por pura força de vontade. Como se existisse dentro de nós uma destilaria de afeto que necessita apenas de um pedaço de madeira ou de um fogo mais forte. Remexemos e atiçamos o fogo com determinação. Qual é a nossa estratégia típica para lidar com um relacionamento conturbado? Tentar com maior esforço.

"Meu cônjuge precisa do meu perdão? Não sei como, mas o perdoarei".

"Custe o que custar, tratarei bem aquele imprestável".

"Devo amar meu vizinho? Certo. Por Deus, vou conseguir".

Assim tentamos. Com os dentes cerrados. Com o queixo firme. Vamos amar nem que isso nos mate! E pode ser que isso aconteça.

Será que saltamos uma etapa? Será que o primeiro passo do amor não é em direção aos outros, mas em direção a nós mesmos? Será que o segredo do amor está em receber? Você doa amor mas primeiro o recebe. "Nós o amamos porque ele nos amou primeiro" (1 Jo 4.19).

Você deseja ser uma pessoa mais amorosa? Comece aceitando o seu lugar como um filho muito amado. "Sede, pois, imitadores de Deus, como filhos amados; e andai em amor, como também Cristo vos amou" (Ef 5.1,2).

Você quer aprender a perdoar? Então pense em como você foi perdoado. "Sede uns para com os outros benignos, misericordiosos, perdoando-vos uns aos outros, como também Deus vos perdoou em Cristo" (Ef 4.32).

Você acha difícil pensar nos outros em primeiro lugar? Pense em como Cristo colocou você em primeiro lugar. "Sendo em forma de Deus, não teve por usurpação ser igual a Deus" (Fp 2.6).

Você precisa ter mais paciência? Beba da paciência de Deus (2 Pe 3.9). Será a generosidade uma virtude ilusória? Pense em como Deus foi generoso com você (Rm 5.8). Você tem dificuldades para suportar parentes ingratos ou vizinhos mal-humorados? Deus lhe suporta quando você age dessa maneira. "Porque ele é benigno até para com os ingratos e maus" (Lc 6.35).

Será que não somos capazes de amar desta maneira?

Sem a ajuda de Deus não conseguimos. Claro, podemos conseguir durante um certo período. Nós, como Simão, podemos abrir uma porta. Mas nossos relacionamentos precisam de algo além de um gesto social. É necessário lavar os pés de alguns cônjuges. Alguns dos nossos amigos precisam de um banho de lágrimas. Nossas crianças precisam ser revestidas do óleo do nosso amor.

Mas se não recebemos essas coisas, como podemos dá-las a outros? Sem Deus, "enganoso é o coração, mais do que todas as coisas" (Jr 17.9). O amor capaz de salvar um casamento não está dentro de nós. Não é possível encontrar em nosso coração uma dedicação que preserve uma amizade. Necessitamos da ajuda de uma fonte externa. Uma transfusão. Queremos amar como Deus ama? Então devemos começar recebendo o amor de Deus.

Os que pregam são, muitas vezes, culpados por pular o primeiro estágio. "Amem-se uns aos outros!", dizemos em nossas igrejas. "Sejam pacientes, gentis, prontos a perdoar", insistimos. Mas ensinar às pessoas a amar sem dizer-lhes que são amadas é como pedir-lhes que nos façam um cheque sem depositarmos o equivalente em suas contas. Não é de admirar que muitos relacionamentos fracassem. Os corações não têm amor suficiente. O apóstolo João estabelece a seqüência correta. Ele faz um depósito em nossa conta antes de pedir-nos para preencher o cheque. Primeiro, o depósito:

> Nisto se manifestou a caridade de Deus para conosco: que Deus enviou seu Filho unigênito ao mundo, para que por ele vivamos. Nisto está a caridade: não em que nós tenhamos amado a Deus, mas em que ele nos amou e enviou seu Filho para propiciação pelos nossos pecados (1 Jo 4.9,10).

E depois, tendo feito um depósito tão generoso e de arregalar os olhos, João nos convoca a pegar o talão de cheques: "Amados, se Deus assim nos amou, também nós devemos amar uns aos outros" (v. 11).

O segredo para amar é ser amado. Este é o primeiro e esquecido passo nos relacionamentos. Lembra-se da oração de Paulo? "Para que Cristo habite, pela fé, no vosso coração; a fim de, estando arraigados e fundados em amor..." (Ef 3.17). Como uma árvore retira os nutrientes do solo, nós retiramos o nosso sustento do Pai. Mas o que acontece se a árvore não estiver em contato com o solo?

Estive pensando nisso enquanto desmontava nossa árvore de Natal. É a minha tarefa tradicional do Dia de Ano Novo. Retirar os enfeites, levar a árvore para fora e varrer todas as folhinhas. Há centenas delas! A árvore está se despedaçando. Digamos que a culpa seja das raízes que não se aprofundaram. Durante duas semanas a árvore esteve plantada em uma tigela metálica. O que se pode esperar de um mero suporte de plantas?

O nosso amigo Simão tinha o mesmo problema. Impressionante aos olhos, muito bem decorado, mas se despedaça se lhe damos um ou dois empurrões.

Isso lhe soa como algo familiar? Ao encontrar certas pessoas, você se sente frágil, quebradiço e infrutífero? Você se sente facilmente abatido? Se assim for, o seu amor pode estar plantado no solo errado. Pode estar enraizado no amor dos outros (que é inconstante) ou em sua determinação de amar (que é frágil). João insiste que devemos confiar no amor que *Deus* tem por nós (1 Jo 4.16). Ele é a fonte, e só Ele.

Muitas pessoas nos dizem que devemos amar. Só Deus nos dá o poder para fazê-lo.

Sabemos o que Deus quer de nós. "E o seu mandamento é este: que [...] nos amemos uns aos outros" (1 Jo 3.23). Mas como poderemos fazê-lo? Como poderemos ser gentis com aqueles que quebram promessas? Com aqueles que não são gentis conosco? Como poderemos ter paciência com aqueles que têm a cordialidade de um urubu e a ternura de um porco-espinho? Como poderemos perdoar as pessoas avarentas e as que nos atacam pelas costas, as mesmas que encontramos, amamos e com quem nos casamos? Como poderemos ser capazes de amar como Deus ama? Queremos fazer isso. Desejamos fazer isso. Mas como?

Sendo amados. Seguindo o Princípio 7.47: receber antes, amar depois.

Você quer tentar? Vamos levar este princípio ao topo do Monte Everest das cartas de amor. Muitas pessoas aclamaram 1 Coríntios 13 como o mais belo capítulo da Bíblia. Não há palavras que toquem os corações das pessoas que amam como as deste trecho bíblico. E nenhum outro versículo representa o capítulo como os versos 4 a 8.

> O amor é paciente, é benigno; o amor não arde em ciúmes, não se ufana, não se ensoberbece, não se conduz inconvenientemente, não procura os seus interesses, não se exaspera, não se ressente do mal; não se alegra com a injustiça, mas regozija-se com a verdade; tudo sofre, tudo crê, tudo espera, tudo suporta. O amor jamais acaba. (ARA.)

Há muitos anos alguém me desafiou a substituir a palavra *amor* nesta passagem pelo meu nome. Eu fiz isso e me tornei um mentiroso. "Max é sofredor, é benigno; Max não é invejoso; Max não trata com leviandade, não se ensoberbece..." Basta! Vamos parar agora mesmo! Essas palavras são falsas. Max não é sofredor (ou paciente). Max não é bom. Perguntem à minha mulher e às minhas filhas. Max pode ser um completo cabeça-dura. Esse é o meu problema.

E durante anos esse foi o meu problema com estes versículos. Estabelecem um padrão que não consigo alcançar. Ninguém consegue alcançar este padrão. Ninguém, exceto Cristo. Será que esta passagem não descreve o incomensurável amor de Deus? Vamos inserir o nome de Cristo no lugar da palavra *amor*, e constatar a verdade:

> Cristo é paciente, é benigno; Cristo não arde em ciúmes, não se ufana, não se ensoberbece, não se conduz inconvenientemente, não procura os seus interesses, não

> se exaspera, não se ressente do mal; não se alegra com a injustiça, mas regozija-se com a verdade; tudo sofre, tudo crê, tudo espera, tudo suporta. Cristo jamais falha. (ARA.)

Melhor que deixar estes versículos nos recordarem um amor que não somos capazes de produzir, é lembrar um amor ao qual não podemos resistir – o amor de Deus.

Alguns de vocês têm muita sede desse tipo de amor. Aqueles que deveriam tê-los amado não o fizeram; por sua vez, vocês também não amaram outras pessoas. Foram abandonados em um hospital. Abandonados no altar. Abandonados em uma cama vazia. Abandonados com o coração partido. Abandonados com a pergunta: "Será que alguém me ama?"

Por favor, ouça a resposta do céu. Deus ama você. Pessoalmente. Poderosamente. Apaixonadamente. Outros prometeram e falharam, mas Deus prometeu e cumpriu. Ele ama você com um amor inesgotável. E seu amor — se você permitir — pode lhe completar, e levá-lo a possuir um amor que vale a pena.

Então venha. Venha com sua sede, e beba profundamente.

CAPÍTULO

DOIS

O Carro-Chefe do Amor

O amor é paciente...

1 Coríntios 13.4

(ARA)

A paciência é o tapete vermelho

sobre o qual a graça de Deus

se aproxima de nós.

Você vê as pessoas escondendo-se naquela casa? Somos nós. Aqueles dois sujeitos escondendo-se atrás do poço? Somos você e eu. Estamos fugindo dos cobradores. É o despejo. O banco nos deu um dia para pagar a hipoteca. Há representantes dos cartões de crédito acampados no gramado em frente à casa. Os credores têm o número do nosso telefone em sua discagem rápida. Mas não temos nenhum dinheiro. Acabamos de trocar o nosso último vale refeição. Já cortaram a água, já nos tomaram o carro, já levaram os móveis e agora o fiscal da Receita Federal está batendo à porta. Ele quer os impostos atrasados. "Eu sei que vocês estão aí. Abram a porta!"

E abrimos a porta. Ele nos diz quanto devemos; nós o lembramos que estamos "quebrados". Ele menciona prisão, e a esta altura uma cama aquecida fora do alcance dos credores não parecia uma má idéia.

Quando ele decide ir à polícia, toca o seu telefone celular. É de Washington. O presidente quer trocar uma palavra conosco, quer uma explicação. Não temos nenhuma. Nenhuma defesa. Somente um pedido de paciência. Ele ouve em silêncio e pede para falar com o fiscal novamente. Enquanto o presidente fala, o engravatado faz que sim com a cabeça e diz: "Sim, senhor... Sim, senhor... Sim, senhor". Ele desliga o telefone e primeiramente olha para você e depois para mim. "Eu não sei quem vocês conhecem, mas a sua dívida foi paga", ele diz, rasgando os papéis e deixando cair os pedaços.

Talvez você não saiba que foi Deus quem fez aquilo por nós. Talvez ninguém tenha lhe falado a respeito de Deus e de sua benignidade, e paciência (Rm 2.4). Talvez você estivesse cochilando no dia em que o ministro leu o Salmos 103.8 que diz: "Misericordioso e piedoso é o Senhor; longânimo [paciente] e grande em benignidade". Se esse é o caso, não é de admirar que você estivesse irritado. Não é de admirar que você estivesse impaciente. A falência pode deixar o melhor de nós com um grande mau humor. Sabe o que você precisa fazer?

Saia à varanda. Coloque-se onde o homem do imposto de renda estava, e dê uma olhada naqueles papéis – os pedaços rasgados e espalhados pelo gramado. Veja a prova da paciência de Deus.

Você estava em débito!

E aquelas vezes em que você usava o nome dEle só quando se sentia irado? Deus poderia ter ficado muito zangado com você. Mas não. Ele foi paciente.

Você nunca lhe agradeceu por aqueles milhares de crepúsculos? Ele poderia ter racionado a sua cota de beleza. Mas não. Ele foi paciente com você.

E aqueles domingos em que você foi à igreja somente para exibir uma nova roupa? É de admirar-se que Ele não tenha lhe deixado nu. Mas não. Ele foi paciente.

E aquelas promessas: "Ajude-me a sair dessa situação, e nunca mais contarei outra mentira". "Conte comigo para tomar o seu partido de agora em diante". "Não terei mais ataques temperamentais, Senhor". Meu Deus! Se as promessas quebradas fossem madeira, poderíamos construir algo. Será que Deus não tem razões suficientes para desistir de nós?

Mas Ele não o faz. Por quê? Porque Deus está sendo paciente com você (2 Pe 3.9).

Paulo apresenta a paciência como a primeira expressão do amor. Posicionado à frente do Comboio do Amor dos apóstolos — à frente da bondade, da cortesia e do perdão, a uma distância equivalente a um carro ou dois — está o carro-chefe conhecido como paciência. O amor é paciente (1 Co 13.4).

A palavra grega usada aqui é uma palavra descritiva. Figuradamente significa "levar muito tempo para ferver". Pense em um bule de água fervente. Quais fatores determinam a velocidade da fervura? O tamanho do fogão? Não. O bule? O utensílio pode ter alguma influência, mas o fator mais importante é a intensidade da chama. A água ferve mais rapidamente quanto mais alto é a chama. Ferve devagar se a chama for baixa. A paciência "mantém o fogo baixo".

Uma comparação esclarecedora, você não acha? A paciência não é ingênua. Não ignora a má conduta. Apenas mantém o fogo baixo. Espera. Ouve. Ferve devagar. É assim que Deus nos trata. E, de acordo com o ensinamento de Jesus, é assim que devemos tratar os demais.

Certa vez o Senhor contou uma parábola sobre um rei que decidiu acertar as contas com os seus devedores. O seu funcionário da contabilidade descobriu alguém que lhe devia não milhares ou centenas de milhares, mas milhões de dólares. O rei sumariamente decidiu que o homem, sua mulher e seus filhos deveriam ser vendidos para pagar a dívida. Devido à impossibilidade de pagar o que devia, esse homem estava prestes a perder tudo o que possuía e todas as pessoas que lhe eram importantes. Não é de admirar que o servo, prostrando-se reverente, rogou: Sê paciente comigo, e tudo te pagarei. E o senhor daquele servo, compadecendo-se, mandou-o embora e perdoou-lhe a dívida (Mt 18.26,27 ARA).

A palavra *paciente* aparece aqui surpreendentemente. O devedor não implora por piedade ou perdão, mas por paciência. Igualmente curiosa é esta singular aparição da palavra. Jesus a usa duas vezes nessa história e nunca mais. Ela não aparece em nenhum outro trecho dos Evangelhos. Talvez a escassez de seu uso se deva a uma necessidade de destaque, no primeiro século. Jesus reserva a palavra para uma única ocasião, para destacar um ponto. A paciência é mais do que uma virtude no caso de longas filas e garçons lentos. A paciência é o tapete vermelho sobre o qual a graça de Deus se aproxima de nós.

Se ali não tivesse havido paciência, não teria havido misericórdia. Mas o rei foi paciente, e o homem que tinha a dívida multimilionária foi perdoado.

Mas logo a seguir a história mudou de rumo. O homem recém-perdoado tomou o caminho mais curto para um palácio de justiça nos subúrbios, onde procurou alguém que lhe devia certa quantia.

> Encontrou um dos seus conservos que lhe devia cem denários; e, agarrando-o, o sufocava, dizendo: Paga-me o que me deves. Então, o seu conservo, caindo-lhe aos pés, lhe implorava: Sê paciente comigo, e te pagarei. Ele, entretanto, não quis; antes, indo-se, o lançou na prisão, até que saldasse a dívida." (ARA)

O rei ficou surpreso. Como pôde aquele homem ser tão impaciente? Como *se atreveu* a ser tão impaciente! A tinta do carimbo CANCELADA ainda estava úmida sobre as dívidas daquele homem. Não seria de se esperar dele um pouco de desprendimento? Seria de imaginar que uma pessoa a quem muito foi perdoado também amasse muito. Mas ele não. E sua falta de amor o levou a um engano muito grave.

O homem que não perdoou ao seu devedor foi chamado de volta ao palácio.

> Servo malvado [disse o rei, que neste caso representa Deus], perdoei-te toda aquela dívida, porque me suplicaste. Não devias tu, igualmente, ter compaixão do teu companheiro, como eu também tive misericórdia de ti? E, indignado, o seu senhor o entregou aos atormentadores, até que pagasse tudo o que devia (Mt 18.32-34).

A paciência do rei não fez diferença na vida daquele homem. Para ele, a misericórdia na sala do trono não era nada senão um teste cancelado, uma bala perdida, um passe livre para sair da prisão. Ele não se impressionou com a graça do rei; estava aliviado por não ter sido punido. Recebeu muita paciência, mas não demonstrou nenhuma, o que nos leva a imaginar se realmente tinha entendido o presente que havia recebido.

Se você acha difícil ter paciência, poderia fazer a mesma pergunta. Já observou a grande medida da paciência de Deus que tem sido concedida à sua vida? Você está consciente dela? Já ouviu falar dela. Já leu sobre ela. Quem sabe até sublinhou passagens da Bíblia referentes a ela. Mas já se deu conta de que a recebeu? A prova está na sua própria paciência. A paciência profundamente recebida resulta em paciência gratuitamente oferecida.

Mas a paciência nunca recebida leva a uma enorme quantidade de problemas, dos quais a prisão não é o menor. Você se lembra para onde o rei enviou o devedor que não perdoava? "E, indignado, o seu senhor o entregou aos atormentadores [à prisão], até que pagasse tudo o que devia" (Mt 18.34).

Ufa! Suspiramos. *Ainda bem que essa história é uma parábola. É bom que Deus não aprisione os impacientes na vida real.* Não esteja tão certo de que Ele não faz isso. A ingratidão e o egocentrismo constróem paredes espessas e cárceres solitários.

A impaciência aprisiona também a alma. Por essa razão, Deus rapidamente nos ajuda a evitá-la. Ele faz mais do que exigir que tenhamos paciência; Ele a oferece a nós. A paciência é um fruto do seu Espírito. Ela é um fruto da árvore mencionada em Gálatas 5.22: "... o fruto do Espírito é: amor, alegria, paz, longanimidade [paciência]" (ARA). Você já pediu a Deus para frutificar? *Bem, eu o fiz uma vez, mas...* Mas o quê? Ficou impaciente? Peça outra vez, e outra, e outra. Ele não ficará impaciente por seus pedidos, e você receberá a paciência por meio de suas orações.

E enquanto você estiver orando, peça entendimento. "O longânimo [paciente] é grande em entendimento" (Pv 14.29). Será que a sua impaciência não deriva da falta de entendimento? A minha sim.

Há algum tempo os cooperadores de nossa igreja compareceram a uma conferência sobre liderança. Como eu estava interessado especialmente em uma palestra, cheguei cedo e ocupei um assento na primeira fila. Quando a palestra começou, entretanto, distraí-me ouvindo algumas vozes no fundo da sala. Dois sujeitos estavam murmurando. Pensei seriamente em dar-lhes uma olhada fulminante por cima do ombro quando o palestrante ofereceu uma explicação: "Perdoem-me, esqueci-me de explicar o porquê daquelas duas pessoas conversando no fundo da sala. Uma delas é um pastor em uma nova igreja na Romênia. Ele veio até aqui para aprender sobre liderança na igreja. Mas ele não fala inglês, por isso a palestra está sendo traduzida".

De repente tudo mudou. A paciência substituiu a impaciência. Por quê? Porque a paciência anda lado a lado com o entendimento. O homem sábio diz: "o homem de entendimento cala-se" (Pv 11.12) ou refreia a sua língua. Ele também diz que um homem que tem entendimento é calmo, tranqüilo: "O homem de entendimento é de precioso espírito" (Pv 17.27). Não se esqueça da relação que existe entre o entendimento e a paciência. Antes de explodir, ouça. Antes de começar a tocar, afine o seu instrumento. "Com a sabedoria se edifica a casa, e com a inteligência ela se firma" (Pv 24.3).

Acima de tudo, o amor é paciente.

Para exemplificar, venha comigo a Paris, França, 1954. Elie Wiesel é o correspondente de um jornal judaico. Uma década antes ele tinha sido prisioneiro em um campo de concentração para judeus. Uma década depois viria a ser conhecido como o autor da obra *Night* (*Noite*), um relato sobre o Holocausto, ganhador do prêmio Pulitzer. Depois disso, ele recebeu a Medalha do Mérito do Congresso, e o Prêmio Nobel da Paz.

Mas nesta noite Elie Wiesel é um desconhecido correspondente de um jornal, de vinte e seis anos de idade. Está prestes a entrevistar o autor francês François Mauriac, um cristão devoto. Mauriac é o mais recente ganhador francês do Prêmio Nobel de Literatura e é um especialista em política francesa.

Wiesel chega ao apartamento de Mauriac nervoso e fumando muito — suas emoções ainda estão descontroladas devido ao horror do nazismo, e sua inexperiência como escritor complica-o ainda mais. Mauriac, que é mais velho, tenta deixá-lo à vontade. Ele convida Wiesel para entrar, e os dois se sentam na pequena sala. Antes que Wiesel possa fazer uma pergunta, Mauriac começa a falar sobre seu assunto preferido: Jesus. Wiesel se inquieta. O nome de Jesus é como um dedo apertando suas feridas.

Wiesel tenta reorientar a conversa, mas não consegue. É como se cada coisa na criação os levasse de volta a Jesus. Jerusalém? Foi onde Jesus pregou. O Antigo Testamento? Está agora enriquecido pelo Novo, graças a Jesus. Mauriac leva cada assunto de volta ao Messias. Wiesel começa a se irritar. O anti-semitismo cristão com que conviveu enquanto crescia, as camadas de tristeza resultantes de Sighet Auschwitz e Buchenwald — tudo aquilo ferve e transborda. Ele deixa sua caneta de lado, fecha o seu caderno e se levanta zangado.

> Cavalheiro — ele diz a Mauriac, que ainda estava sentado — o senhor fala de Cristo. Os cristãos adoram falar dele.

> A paixão de Cristo, a agonia de Cristo, a morte de Cristo. Em sua religião, é só disso que vocês falam. Bem, eu quero que o senhor saiba que há dez anos, não muito longe daqui, eu conheci crianças judias e cada uma delas sofreu mil vezes mais, seis milhões de vezes mais que Cristo na cruz. E nós não falamos delas. O senhor consegue entender isso? Nós não falamos delas.[1]

Mauriac ficou surpreso. Wiesel se volta e sai pela porta. Mauriac permanece sentado, em choque, ainda envolto em sua manta de lã. O jovem repórter ainda está apertando o botão do elevador quando Mauriac surge no hall. Ele toca gentilmente o braço de Wiesel. "Volte", ele implora. Wiesel concorda, e os dois se sentam no sofá. A esta altura Mauriac começa a chorar. Ele olha para Wiesel mas não diz nada. Só chora.

Wiesel começa a pedir desculpas. Mauriac não aceita. Ao invés disso, insiste com seu novo amigo para que ele fale. Ele quer ouvir tudo — sobre os campos, os trens, as mortes. Ele pergunta a Wiesel por que não escreveu sobre isso. Wiesel diz que a dor é demasiadamente grande. Ele fez um voto de silêncio. O homem mais velho lhe diz que ele deve quebrar este voto e falar.

Aquela noite transformou os dois homens. O drama se transformou na base de uma amizade que durou a vida inteira. Eles se corresponderam até a morte de Mauriac em 1970. "Devo a minha carreira a François Mauriac", disse Wiesel... e foi a Mauriac que Wiesel enviou o primeiro manuscrito da obra *Night*.

O que teria acontecido se Mauriac tivesse mantido a porta fechada? Alguém o teria culpado? Atingido pelas duras palavras de Wiesel, poderia ter ficado impaciente com o jovem zangado e contente por ter se livrado dele. Mas não foi assim. Ele reagiu decisiva, rápida e afetuosamente. Ele foi "lento na fervura". E por agir assim, um coração começou a ser curado.

Posso insistir para que você seja assim também?

"O Senhor é longânimo [paciente] para convosco" (2 Pe 3.9). E se Deus está sendo paciente com você, será que você não pode ter a mesma paciência com as outras pessoas? Claro que pode. Porque há algo que vem antes do amor:

O amor é paciente.

CAPÍTULO TRÊS

O seu Coeficiente de Bondade

O amor é... benigno
1 Coríntios 13.4
(ARA)

A bondade de Jesus.

Somos rápidos para pensar em seu poder,

em sua paixão e em sua devoção.

Mas aqueles que estão perto dEle sabem

que Deus se veste de bondade.

Nesta manhã havia três recados em minha secretária eletrônica. Todos faziam o mesmo pedido. Essas pessoas ouviram falar do tema deste capítulo e queriam dar uma contribuição. Deus tinha sido bom para elas. Tinham uma história para compartilhar. Então, convidei-as a conversar comigo.

O primeiro a chegar foi um casal de jovens. Os dois mostravam sinais de um recente casamento — ela estava magra porque tinha perdido peso; ele estava de olhos arregalados para a mulher que havia se tornado sua esposa. Sentados muito juntinhos no sofá, eles me contaram sua história Ela falou a maior parte do tempo. Ele assentia e sorria, e só terminava uma frase quando ela parava para respirar.

— Minha mãe e Maria são amigas desde que eram adolescentes. Então convidamos Maria e Jesus para o casamento.

— Minha mulher conheceu Jesus quando Ele cuidava dos negócios de sua família — acrescentou o marido.

— Ficamos emocionados quando Jesus chegou. Mas também um pouco surpresos com a quantidade de companheiros que veio com Ele. Era um grupo numeroso.

— Uns quinze ou vinte — disse ele.

— Mas tudo bem. Afinal, é como se Jesus fosse da família. Além disso, a festa estava ótima. As pessoas ficaram até muito tempo depois da cerimônia. Comendo e bebendo.

— Bebendo demais — o noivo explicou.

— É verdade, logo o vinho acabou e os garçons ficaram nervosos porque os convidados ainda queriam festejar.

A jovem escorregou para frente no sofá.

— Só fiquei sabendo do problema depois que já havia sido solucionado. Ninguém me contou nada. Relataram a Jesus e Ele o resolveu. Não apenas conseguiu mais vinho, mas um vinho de melhor qualidade!

Ela prosseguiu dizendo que o organizador da festa lhe contou que esta safra tinha o sabor de um *Bordeaux* de cem dólares a garrafa, que ele havia provado uma vez em um festival de vinhos.

O jovem também moveu-se para frente no sofá com sua esposa.

— Isso é o que nos impressiona.

Enquanto ele falava, a esposa o contemplava com uma expressão afirmativa, como se soubesse o que o marido iria dizer.

— Este foi o seu primeiro milagre, certo? Sua estréia, e nós fomos os beneficiados! Para poupar-nos de sermos vistos como anfitriões pobres.

— Ele não precisava fazer isso — ela interrompeu. — Nossa cidade tem gente doente, gente pobre. Ora, ressuscitar os mortos teria sido manchete de jornal. Mas Ele usou seu primeiro milagre para corrigir uma falha social. Não foi muito amável da parte dEle?

Ambos sorriram. E eu sorri também.

Depois que saíram, chegou um homem de negócios. Disse-me que seu nome era Zaqueu. Um sujeito baixinho vestindo um terno italiano. Todo bronzeado e sorridente. Sapatos de couro alemão, muito caros. Óculos *Rayban*. Diríamos que se tratava de um homem bem-sucedido.

— Não deixe que as aparências lhe enganem — ele disse — Eu tive dinheiro, mas não amigos. Construí uma casa grande e bonita em um bairro da cidade, mas ninguém jamais veio visitar-me, nem mesmo as testemunhas-de-jeová. Não posso culpá-los. Paguei tudo com o dinheiro que roubei dos seus impostos. Ninguém veio visitar-me até o dia em que Jesus veio. "Vou à sua casa hoje", Ele anunciou. Ali, no meio da cidade, onde todo mundo podia ouvi-lo. Sabe, Ele não tinha que fazer isso. Poderíamos ter jantado naquele mesmo quarteirão, ou poderia tê-lo convidado para um almoço no clube. Mas não, Ele queria vir à minha casa. E queria que todos soubessem aonde estava indo. É dele a primeira assinatura em meu livro de visitas. Foi muito amável da parte dele, você não acha? Incrivelmente amável.

Mais tarde, naquele mesmo dia, veio uma mulher. De meia-idade. O cabelo grisalho e penteado para trás. Vestia-se de maneira simples. Lembrava-me uma bibliotecária de colégio. Seu rosto era enrugado e sua feição séria. Contou-me que tinha estado doente por doze anos, HIV positiva.

— É muito tempo — declarei.

Tempo suficiente, ela concordou, para ficar sem os médicos, sem dinheiro, e até mesmo sem esperança. Mas o pior de tudo, ficou sem amigos.

— Tinham medo de mim — disse ela. — Temiam contrair minha doença. Minha igreja não me mandou embora, mas também não me ajudou. Por muitos anos não morei em casa. Estava morando em um abrigo. Mas então Jesus veio à cidade. Ele ia tratar da filha do prefeito, que estava morrendo. Havia muita gente em torno dEle, uma grande aglomeração e empurra-empurra, mas eu estava desesperada.

Ela disse que seguiu Jesus à distância. Depois se aproximou, mas recuou com medo de ser reconhecida. Lentamente escondeu-se atrás de um homem de ombros largos e ali ficou até que, segundo suas palavras, "havia só duas pessoas entre Ele e eu".

— Estiquei meu braço no meio da multidão e alcancei a borda da roupa dEle. Não queria agarrar, apenas tocar. E quando a toquei, meu corpo estremeceu. Instantaneamente. Meu rosto enrubesceu na hora. Comecei a respirar profundamente. Minhas costas pareceram endireitar-se. Parei, deixando que as pessoas empurrassem. Ele parou também. "Quem me tocou?", Ele perguntou. Deslizei para trás do homem de ombros largos e não disse nada. Enquanto Ele e a multidão esperavam, meu coração batia forte. Pela cura? Por medo? Por ambos? Não sabia. Então Ele voltou a perguntar. "Quem me tocou?". Ele não parecia zangado, apenas curioso. Então falei. Minha voz tremia. Minhas mãos também. O homem de grandes ombros deu um passo para o lado. Jesus se adiantou e eu lhe contei a história completa.

— A história completa? — perguntei.

— Sim, *a história completa* — ela respondeu.

Tentei imaginar a cena. Todos esperando enquanto Jesus ouvia. A multidão esperando. Os líderes da cidade esperando. Uma menina estava morrendo, as pessoas estavam empurrando, os discípulos estavam questionando, mas Jesus... Jesus estava ouvindo. Ouvindo o relato completo. Ele não precisava fazer isso. A cura teria sido suficiente para ela. Suficiente para a multidão. Mas não para Ele. Jesus queria fazer mais do que curar seu corpo. Ele queria ouvir a história dela — o relato completo. A história toda! Que coisa boa Ele fez com ela! O milagre lhe devolveu a saúde. A bondade lhe devolveu a dignidade.

E o que Ele fez a seguir essa mulher jamais esqueceu.

— Como se não tivesse feito o suficiente — seus olhos se encheram de lágrimas —, ainda me chamou de "filha". Ele disse: "Tem bom ânimo, filha, a tua fé te salvou". Depois soube que Ele nunca usou essa palavra para mais ninguém. Só comigo[1].

Depois que ela saiu, verifiquei a informação. Ela estava correta.

A bondade de Jesus. Somos rápidos para pensar em seu poder, em sua paixão e em sua devoção. Mas aqueles que estão perto dEle sabem que Deus se veste de bondade. Ele é suficientemente bom para preocupar-se com uma falha social. Suficientemente bom para almoçar com uma pessoa desonesta. Suficientemente bom para abençoar uma mulher que sofre.

"O amor é... benigno", escreve Paulo.

Neemias concorda dizendo: "Ó Deus perdoador, clemente e misericordioso, tardio em irar-te, e grande em beneficência" (Ne 9.17).

Davi também concorda: "Porque a tua benignidade é melhor do que a vida" (Sl 63.3).

Paulo fala da bondade e do amor de Deus nosso Salvador (Tt 3.4). Ele é grandiloqüente ao anunciar: "Para mostrar nos séculos vindouros as abundantes riquezas da sua graça, pela sua benignidade para conosco em Cristo Jesus. Porque pela graça sois salvos, por meio da fé; e isso não vem de vós; é dom de Deus" (Ef 2.7,8).

Mas é o convite de Jesus que oferece a mais doce prova da bondade do céu:

> Vinde a mim, todos os que estais cansados e oprimidos, e eu vos aliviarei. Tomai sobre vós o meu jugo, e aprendei de mim, que sou manso e humilde de coração, e encontrareis descanso para a vossa alma. Porque o meu jugo é suave, e o meu fardo é leve (Mt 11.28-30).

No antigo Israel, os fazendeiros costumavam treinar um boi inexperiente atrelando-o a outro mais experiente com um jugo de madeira. As correias ao redor do animal mais velho eram apertadas. Ele levava a carga. Mas o arreio ao redor do animal mais jovem era frouxo. Ele caminhava ao lado do mais maduro, porém carregava pouco peso. Neste versículo, Jesus está dizendo: "Eu caminho ao seu lado. Estamos juntos. Mas eu puxo o peso e levo a carga".

Imagine quantas cargas Jesus está carregando para nós e nem sequer tomamos conhecimento. Sabemos de algumas. Ele leva os nossos pecados, a nossa vergonha, a nossa dívida eterna. Mas há outras? Será que Ele levou os temores antes que os tivéssemos sentido? Será que Ele levou a nossa confusão para que não tivéssemos que levá-la? E aquelas ocasiões em que fomos surpreendidos por nosso próprio sentimento de paz? Será que Jesus colocou a nossa ansiedade sobre os seus ombros e um jugo de bondade sobre os nossos?

E com que freqüência lhe agradecemos por sua bondade? Não o suficiente. Mas será que a nossa ingratidão restringe sua bondade? Não. "Porque ele é benigno até para com os ingratos e maus" (Lc 6.35).

No idioma do texto original, a palavra *bondade* traz consigo uma idéia adicional que não está presente em nosso idioma. Refere-se principalmente a um ato de graça. Mas também se refere a uma atitude ou pessoa que é "útil, aproveitável, que presta um serviço e que está adaptada ao seu propósito"[2]. O adjetivo *boa* sempre foi empregado para descrever uma comida que é simultaneamente saborosa e saudável. Aos nossos ouvidos pode parecer estranho. "Meu bem, que refeição maravilhosa. A salada está especialmente *boa* esta noite".

Mas este uso faz sentido. A bondade não é realmente boa, *e* bom para você? Não é agradável *e* prática? A bondade não é só dizer bom dia; a bondade é fazer o café da manhã. Novamente Jesus não se encaixa bem nesta descrição? Ele não apenas compareceu ao casamento Ele o salvou. Ele não apenas curou a mulher; Ele a honrou. Ele fez mais do que chamar Zaqueu por seu nome; entrou em sua casa.

Será que Ele não agiu da mesma maneira com você? Será que não lhe ajudou a sair de algumas confusões? Será que Ele não veio à sua casa? E será que houve alguma ocasião em que Ele esteve ocupado demais para ouvir a sua história? A Bíblia diz: "Quem é sábio observe estas coisas e considere atentamente as benignidades do SENHOR" (Sl 107.43). Será que Deus não foi bom — agradavelmente útil — para você? E uma vez que Deus foi tão bom para você (já sabe o que vou dizer agora), você não pode ser bom para os outros?

A pergunta de Paulo é para todos nós: "Ou desprezas tu as riquezas da sua benignidade, e paciência, e longanimidade, ignorando que a benignidade de Deus te leva ao arrependimento?" (Rm 2.4).

Arrependimento do quê? Certamente da falta de fé, da rebelião e do pecado. Mas será que nós também não podemos afirmar que a bondade de Deus nos leva ao arrependimento pela nossa falta de bondade?

Alguns podem pensar que toda essa conversa sobre bondade parece... bem, parece um pouco fraca. Os homens principalmente tendem a valorizar virtudes mais dramáticas — coragem, devoção e liderança visionária. Freqüentamos seminários sobre estratégias e formação de equipes. Mas não posso dizer que tenha estado em uma palestra sobre bondade, nem ouvido falar de uma. No entanto, Jesus discordaria das nossas prioridades. Ele ordena: "Ide, porém, e aprendei o que significa: Misericórdia quero e não sacrifício" (Mt 9.13). Paulo coloca a bondade no topo da pirâmide quando escreve "O amor é... benigno" (1 Co 13.4, ARA).

Você é bom? Qual é o seu coeficiente de bondade? Quando foi a última vez em que você fez alguma coisa boa para alguém de sua família — por exemplo, pegar um cobertor, limpar a mesa, preparar o café — sem que isso fosse pedido?

Pense em sua escola ou em seu local de trabalho. Quem é a pessoa que todos ignoram ou evitam? Um estudante tímido? Um funcionário mal-humorado? Talvez ela não saiba falar bem a sua língua. Talvez ele não se encaixe no contexto cotidiano. Você é bom para essa pessoa?

Bons corações agem com bondade em silêncio. Dão passagem a outros automóveis, e deixam a jovem mãe com três crianças passar à frente na fila. Recolhem o lixo do vizinho que rolou para a rua. E são particularmente bons na igreja. Entendem que talvez a pessoa mais necessitada que encontrarão nessa semana é aquela em pé na entrada ou sentada na fileira atrás deles no culto. Paulo escreve: "Então, enquanto temos tempo, façamos o bem a todos, mas principalmente aos domésticos da fé" (Gl 6.10).

E aqui vai um desafio æ e os seus inimigos? Quanta bondade você tem demonstrado para com aqueles que querem aquilo que você quer, ou que querem tomar o que você tem?

Certo amigo meu testemunhou um engraçado ato de bondade em um leilão. O objetivo do evento era arrecadar fundos para uma escola. Alguém havia doado um filhote de cachorro de raça que derreteu o coração e abriu o talão de cheques de muitos convidados. Dois em particular.

Eles se sentaram em lados opostos do salão de banquetes, um homem e uma mulher. Com o avançar do leilão, eles pareciam ser os mais determinados. Outros desistiram, mas não esses dois. Eles continuaram alternando os lances até que tinham subido a oferta para alguns milhares de dólares. Já não se tratava mais do filhote; era uma questão de vencer. Parecia a final de Wimbledon, e nenhum dos jogadores estava recuando da rede (imagine o semblante do presidente da escola!).

Finalmente, o homem desistiu e não fez sua contra-oferta. "Dou-lhe uma, dou-lhe duas, dou-lhe três. Vendido!" O lugar veio abaixo, e a senhora foi presenteada com um troféu que abanava o rabo! Seu rosto se suavizou, e em seguida se enrubesceu. Talvez tivesse esquecido de onde estava. Talvez não tivesse pretendido lutar doze "rounds" dessa maneira em um jantar formal. Certamente jamais quis que o mundo visse o lado "pitbull" de seu caráter.

Então sabem o que ela fez? Quando os aplausos estavam cessando, ela atravessou a sala e presenteou o seu competidor com o filhote.

Suponhamos que você fizesse o mesmo com o seu adversário. Com o seu inimigo. Com o chefe que lhe despediu ou com a mulher que lhe deixou. Suponhamos que você os surpreendesse com atos de bondade. Não é fácil? Não, realmente não é. Mas a compaixão é o mais profundo gesto de bondade. Paulo iguala as duas qualidades. "Antes, sede uns para com os outros benignos, misericordiosos, perdoando-vos uns aos outros, como também Deus vos perdoou em Cristo" (Ef 4.32). Jesus disse:

> Amai a vossos inimigos, fazei bem aos que vos aborrecem, bendizei os que vos maldizem e orai pelos que vos caluniam... E, se amardes aos que vos amam, que recompensa tereis? Também os pecadores amam aos que os amam... Amai, pois, a vossos inimigos, e fazei o bem, e emprestai, sem nada esperardes, e será grande o vosso galardão, e sereis filhos do Altíssimo; porque ele é benigno até para com os ingratos e maus. Sede, pois, misericordiosos, como também vosso Pai é misericordioso (Lc 6.27,28, 32, 35,36).

Bondade no lar. Bondade em público. Bondade na igreja, e bondade para com os inimigos. Isso abrange tudo, você não acha? Quase. Há mais alguém que precisa de sua bondade. Quem poderia ser? Você mesmo.

Não temos a tendência de ser duros conosco? E acertadamente. Como o jovem casal durante a festa de casamento, nem sempre fazemos planos para o futuro. Como Zaqueu, enganamos alguns amigos. Temos sido egoístas. E como a mulher enferma, nosso mundo algumas vezes parece estar fora de controle.

Mas Jesus repreendeu o casal? Não. Jesus puniu Zaqueu? Não. Jesus foi severo com a mulher? Não. Ele é bom com as pessoas de memória fraca. Ele é bom com os avarentos. Ele é bom com os enfermos.

E Ele é bom conosco. Uma vez que Ele é tão bom para nós, não podemos também ser bondosos conosco? *Ah, mas você não me conhece, Max. Você não sabe das minhas imperfeições e dos meus pensamentos. Você não sabe que há ocasiões em que me queixo, reclamo ou resmungo.* Não, eu não sei, mas Ele sabe. Ele sabe tudo a seu respeito, e mesmo assim não limita a sua bondade em relação a você. Por acaso Ele, sabendo todos os seus segredos, retirou alguma promessa ou alguma de suas dádivas?

Não, Ele é bom para você. Por que você não é bom consigo mesmo? Ele perdoa as suas faltas. Por que você não faz o mesmo? Ele pensa que vale a pena viver amanhã. Por que você não concorda? Ele acredita em você o suficiente para lhe designar como seu embaixador, como seguidor e até mesmo como seu filho. Por que você não aproveita este pensamento e passa a acreditar em si mesmo?

No livro intitulado *Sweet Thursday* (*Doce Quinta-feira*), John Steinbeck nos apresenta a Madame Fauna. Ela dirige um bordel e por simpatizar-se com uma prostituta que se chama Suzy, admite-a. Madame Fauna arranja para Suzy um verdadeiro namorado, não um cliente. Ela compra para Suzy um vestido bonito e lhe ajuda a arrumar-se para a noite. Quando Suzy está saindo, comovida pela bondade de Madame Fauna, ela pergunta:

— A senhora fez tanta coisa por mim. Posso fazer alguma coisa pela senhora?

— Sim — a senhora responde —, você pode dizer "Eu sou Suzy, e mais ninguém".

Suzy faz isso. Então a Madame Fauna pede:

— Agora diga: "Eu sou Suzy e sou uma coisa boa".

E Suzy tenta.

— Eu sou Suzy e sou uma...

E Suzy começa a chorar.

Será que Deus não gostaria que você dissesse as mesmas palavras? No livro de Deus você é uma *coisa boa*. Seja bom consigo mesmo. Deus o considera merecedor de sua bondade. E Ele é um bom juiz de caráter.

CAPÍTULO

QUATRO

Em Chamas

O amor não arde em ciúmes...

1 Coríntios 13.4

(ARA)

Deus oferece um amor autêntico.

A sua devoção é o presente verdadeiro.

Mas Ele não lhe dará o que é genuíno

Até que você renuncie às imitações.

Nancy é solteira. Tem quarenta e poucos anos e é solteira. Suas amigam conversam sobre fraldas e escolas, as esquisitices dos maridos e as curiosidades da vida familiar. Ela só ouve e sorri.

Ela é solteira. Quarenta e poucos anos e solteira. Suas amigas dirigem minivans. Uma colega do colegial tem filhos já entrando na universidade. Nancy dirige um carro compacto, come sozinha a maioria das vezes, e se sente deslocada quando vai a um chá de bebê.

Ela é solteira. As pessoas se perguntam por quê. Elas nunca falam, mas seus olhos deixam bem claro. "Você não é casada?", seria a pergunta. *Por que não?* É o que pensam. Há algo errado? Algum desvio? Há algo anormal?

Cooperar em algum trabalho da igreja evidencia o contraste. Ela respeitosamente ouve enquanto os membros contam histórias das férias da família ou aventuras relacionadas às viagens de casais. Ela passou o último Natal com seus pais, e depois voltou para casa sozinha. E gostaria de fazer uma viagem, mas é difícil encontrar companhia para isso. Como ela pode amar a família da igreja quando eles têm o que ela não tem, mas deseja?

De vez em quando ela se sente vulnerável à noite. O que foi aquele barulho? Ela se sente pouco à vontade em festas. *Vou sozinha?* E tem que enfrentar a inveja. Não é raiva. Não é ciúme ardente. Certamente não é ódio. É só inveja. Uma faísca de ressentimento em relação às mulheres que têm o que ela não tem. E ela se preocupa com isso.

Claro que ela deveria estar preocupada. Porque o que hoje é uma faísca, amanhã pode transformar-se em um incêndio.

Suponhamos que você encontre chamas em sua casa. Não uma labareda, e certamente não um incêndio, mas pequenas línguas de calor dançando na barra de uma cortina, na franja de um tapete, ao lado do fogão. O que você faria? Como reagiria? Será que daria de ombros e se afastaria, dizendo "uma pequena chama nunca fez mal a nenhuma casa"?

Claro que não. Você apagaria as chamas. Jogaria água, pisaria, cobriria — faria qualquer coisa, menos deixar que continuasse. Você não toleraria uma chama independente em sua casa. Por quê? Porque você sabe como o fogo cresce. O que nasce na inocência pode se tornar mortal na adolescência. Se não for vigiado, o fogo consome tudo o que é possível consumir. Pelo bem de sua casa, você sabe que com fogo não se brinca.

Você sabe que o mesmo é verdadeiro em relação ao bem-estar de seu coração. Deveria ser dado um aviso sobre o fogo no coração, que, se não for vigiado, pode evoluir tornando-se uma grande chama e consumir tudo o que puder. O nome desse fogo? Salomão lhe deu um nome: Ciúme. "... e duro como a sepultura o ciúme; as suas brasas são brasas de fogo" (Ct 8.6).

Paulo fez uma declaração igualmente forte: "O amor não arde em ciúmes" (1 Co 13.4, ARA). Não há dúvida de que ele leu a respeito e conhecia os resultados do ciúme sem controle.

Veja o caso dos irmãos de José. Eles começaram insultando a José e zombando dele. Uma rivalidade inofensiva entre irmãos. Mas depois a faísca se transformou em chama. "Seus irmãos lhe tinham ciúmes" (Gn 37.11, ARA). Em seguida, seria mais fácil lançar José em uma cova do que vê-lo na mesa de refeições. Depois de pouco tempo, José estava no Egito, seus irmãos mancomunados, e Jacó, o pai, não sabia de nada. Pensava que seu filho estivesse morto. Tudo por causa da inveja

E o que dizer dos fariseus? Eles eram maus? Criminosos? Assassinos? Não, eram os pastores e os mestres de seus dias. Como colegas que juntos praticam algum esporte ou se revezam em um esquema de carona. Mas o que os fariseus fizeram com Jesus? Eles o entregaram por inveja (Mt 27.18).

E o Max, não se esqueçam do Max. Enquanto estamos fazendo a lista dos nomes das pessoas propensas a ter inveja, registre nela também o meu nome. Comecei a sentir cheiro de fumaça quando ouvi falar de uma igreja do outro lado da cidade. Um amigo veio com esse relato: "A igreja é demais! Está repleta de gente! É a maior igreja da cidade".

Um Max mais espiritual teria ficado contente. Um Max mais amadurecido teria agradecido a Deus. Porém o Max que ouviu o relato não agiu nem como um homem espiritual, nem como um homem amadurecido. Sentiu ciúme. Você consegue acreditar nisso? Ao invés de celebrar a obra de Deus, estava obcecado com o meu próprio trabalho. Eu queria que a nossa igreja fosse a maior.

Repugnante. O Senhor não permitiu que eu permanecesse no território da indulgência por muito tempo. Em um momento de profunda persuasão, Ele me fez entender que a igreja é dEle, não minha. A obra é dEle, não minha. E a minha vida é dEle, não minha.

O meu trabalho não era questioná-lo, mas sim confiar nEle. "Não... tenhas inveja... Confia no Senhor e faze o bem" (Sl 37.1, 3). A cura para a inveja? A confiança. A causa da inveja? A falta de confiança. Os filhos de Jacó não confiaram que Deus poderia satisfazer suas necessidades. Os fariseus não confiaram que Deus poderia resolver seus problemas. O escritor deste livro não confiou que Deus poderia expandir seu Reino. Corri um grande risco por ter agido assim. Quais são as conseqüências da inveja?

A solidão está no topo da lista. Salomão diz: "a raiva é cruel e destrói como uma inundação, mas ninguém agüenta os ciúmes!" "Cruel é o furor e a impetuosa ira, mas quem parará perante a inveja?" (Pv 27:4). Quem pode querer estar com um tolo, um ciumento? Em um cemitério na Inglaterra há um túmulo com a seguinte inscrição: ELA MORREU POR DESEJAR MUITAS COISAS. Ao lado encontra-se outra inscrição: ELE MORREU TENTANDO DAR ESSAS COISAS A ELA.[1]

As enfermidades são outra conseqüência. O homem sábio também escreveu: "O coração com saúde [a paz de espírito] é a vida da carne, mas a inveja é a podridão dos ossos" (Pv 14.30).

A violência é o pior fruto. "Cobiçais e nada tendes; sois invejosos e cobiçosos e não podeis alcançar; combateis e guerreais [estão prontos até para matar] e nada tendes" (Tg 4.2). "O ciúme", segundo Provérbios 6.34, enfurece o homem. Os judeus usavam uma palavra para ciúme, *qua-nah*, que significa "estar muito ruborizado". Deixe-me fazer-lhe uma pergunta: Você já sentiu uma inveja como esta? Já viu o rubor do ciúme? Conhece a face vermelha e as veias inchadas? E — seja honesto agora — já apareceram em seu rosto?

Se a resposta for afirmativa, você precisa fazer o que a Nancy fez. Parar de fazer a lista do que quer, e começar a confiar que Deus lhe dará o que você precisa. Conheça a sua história:

> Faltavam poucos dias para a festa anual de Natal da minha empresa. Eu percebi que poderia ser uma das poucas pessoas solteiras presentes. Era uma idéia terrível, e é claro que eu queria ir! Mas enquanto orava, percebi que Deus queria que eu fosse e que ELE queria ser o meu acompanhante. Não sei como isso poderia acontecer, mas comecei a orar pedindo que pudesse reconhecer a sua

presença ao meu lado a todo momento, e que pudesse irradiar essa presença. Então, "nós" fomos à festa!

Quando "nós" entramos, imediatamente percebi um interesse masculino potencial por uma mulher bonita. Isso não me perturbou. Enquanto "nós" passávamos de sala em sala, cumprimentei as pessoas, conversei com elas, encorajei aqueles que vi e realmente pratiquei o conceito de colocar os outros em primeiro lugar. Quando "nós" saímos e entramos no meu carro para a longa viagem de volta para casa, comecei a chorar... lágrimas de alegria e dor. Alegrei-me por sentir a paz e a presença de Jesus de uma maneira tangível, apesar da dor de estar solteira.

Na segunda-feira seguinte uma amiga passou pela minha sala e disse: "Notei que você estava na festa e me perguntei se não seria difícil estar sozinha ali. Mas queria apenas dizer-lhe que você irradiava a alegria de Deus naquela noite".

Desde então tenho comparecido a inúmeros casamentos, recepções, reuniões de classe e festas, sempre tendo Jesus como minha companhia. Não posso dizer que tem sido fácil, mas sei que a cada evento a minha fé tem crescido. A presença de Jesus é real, tangível — tão real para mim como a de qualquer outra pessoa. Continuo a crescer na minha compreensão do que significa estar com Ele diariamente nas pequenas e nas grandes coisas e o que significa para Ele ser o onipresente, o sempre disponível amante da minha alma.[2]

Deus nos nega o que queremos para dar-nos o que necessitamos. Você quer um cônjuge; Ele lhe dará a si mesmo. Você deseja uma igreja maior; Ele prefere uma igreja mais forte. Você quer ser curado para poder servir. Ele quer que você esteja confinado para poder orar. Assim é o testemunho de Joni Eareckson Tada. Três décadas depois de ficar tetraplégica devido a um acidente de mergulho, ela e o seu marido Ken visitaram Jerusalém. Sentada em sua cadeira de rodas, lembrou-se da história do paralítico que Jesus curou no tanque de Betesda. Trinta anos antes ela teria lido a história e pedido que Jesus fizesse o mesmo por ela.

Mas naquele dia em Jerusalém ela agradeceu a Deus por ter atendido a uma oração mais importante. Joni agora vê a sua cadeira como o seu banco para orar, e a sua aflição tornou-se agora a sua bênção. Se ela tivesse sido curada, milhares de orações teriam sido sacrificadas por causa da sua vida atarefada. Ela entende isso hoje. Aceita isso agora. A inveja foi substituída pela gratidão quando ela renunciou à sua vontade em favor da vontade de Deus.[3]

Nancy confiou no Pai em sua solidão.

Joni confiou no Pai em sua deficiência.

E Susie confiou no seu pai com suas pérolas. Aos seis anos de idade, o que ela tinha de mais precioso era um colar de pérolas. Não importava o fato de serem falsas. Ela as usava em todos os lugares e brincava com elas todos os dias. Ela amava suas pérolas.

Ela também amava o seu pai. O trabalho freqüentemente exigia que ele se ausentasse por muitos dias. O primeiro dia de volta para casa era de celebração. Quando adulta, Susie ainda podia lembrar-se da ocasião em que seu pai passou uma semana no Oriente. Quando finalmente voltou, pai e filha brincaram durante toda a tarde. Quando ele a pôs na cama, perguntou-lhe: — Você me ama?

— Sim, papai. Eu o amo mais do que tudo.

— Mais do que tudo?

— Sim, mais do que tudo.

Ele parou por um momento. — Mais do que suas pérolas? Você me daria suas pérolas?

— Oh, papai — ela respondeu. æ Eu não poderia fazer isso. Eu amo minhas pérolas.

— Eu entendo — ele disse e lhe deu um beijo de boa noite.

Ela adormeceu pensando no pedido dele. Quando acordou, pensou ainda mais. O assunto esteve em sua mente naquela manhã e durante todo o dia. Finalmente, naquela noite, dirigiu-se até ele com as pérolas. — Papai, eu amo você mais do que as pérolas. Pode ficar com elas.

— Fico muito contente por ouvir isso — ele disse. Levantou-se e abriu sua maleta. — Eu tenho um presente para você.

Ela abriu a caixinha e exclamou: Pérolas! Pérolas de verdade![3]

Você não acha que o nosso Pai também quer dar-lhe algo? Ele oferece amor autêntico. A sua devoção é o presente verdadeiro. Mas Ele não lhe dará o que é genuíno até que você renuncie às imitações.

Quais serão as pérolas que Ele espera que você abandone? De qual bijuteria Ele gostaria que você desistisse? Você trocaria os presentes de menor valor pelo presente supremo de conhecer a Deus? Se você disser que sim, então a sua inveja vai passar. O ciúme tem sua chama extinta quando se recebe amor verdadeiro.

CAPÍTULO

CINCO

DEUS NÃO APROVA A "LEI DO GALINHEIRO"

O amor... não se ufana, não se ensoberbece...

1 CORÍNTIOS 13.4

(ARA)

É isso que o amor faz. Coloca a pessoa amada antes de si mesmo.

A sua alma era mais importante que o sangue dEle.

A sua vida eterna era mais importante que a vida terrena dEle.

O seu lugar no céu era, para Ele, mais importante que o lugar dEle no céu.

Por isso Ele abriu mão do lugar que era dEle, para que você pudesse ter o seu.

A temperatura registrava aproximadamente sete graus Celsius abaixo de zero. O vento oeste do Texas fere as orelhas e a grama congelada se racha sob os nossos pés. É um dia frio de dezembro. Até mesmo o gado é suficientemente esperto para não sair de seu abrigo em uma manhã como esta.

Então, o que estou fazendo do lado de fora? O que estou fazendo enfiado em uma vala com os tornozelos imersos na água, agachado sobre um cano que está vazando? E, ainda mais importante, por que os três sujeitos do caminhão não estão me ajudando? Por que os três estão lá e eu estou aqui fora? Por que eles estão aquecidos enquanto eu sinto frio? Por que eles estão secos enquanto estou molhado?

A resposta: é a lei do galinheiro. O mais forte bica o mais fraco.

Nós devemos agradecer aos naturalistas da Noruega pela expressão. Foram eles que estudaram o sistema de castas do galinheiro. Contando o número de vezes que as galinhas dão e recebem bicadas podemos identificar uma linha de comando. A ave "A" bica mais, e a ave "Z" é mais bicada. O restante das galinhas encontra-se em posições intermediárias.

Naquele dia, no campo de óleo, nossa ave "A" era o chefe da equipe. Abaixo dele havia um antigo capataz, e abaixo deste, um imigrante ilegal. Eu era a ave "Z". Estudantes universitários em férias de Natal vêm por último.

A nossa distribuição de assentos no caminhão revelava a ordem. O chefe da equipe dirigia, o segundo em comando ocupava o assento junto à janela. O terceiro se sentava no meio deles, e o último era obrigado a sentar-se tendo o câmbio do veículo entre suas pernas. Ninguém falou sobre esse sistema ou o colocou por escrito. Simplesmente já o conhecíamos. E quando chegou a hora de alguém descer do caminhão e entrar na vala, ninguém precisou me ordenar. Eu conhecia a lei do galinheiro.

Você também conhece o sistema. Faz parte da vida. E até certo ponto deveria ser assim. Precisamos saber quem é o chefe. Um sistema hierárquico pode esclarecer nossas posições e obrigações. O problema não é a ordem. É o critério de distribuição das tarefas.

Basta perguntar ao menino de menor estatura da classe ou ao zelador cujo nome ninguém se preocupa em saber. As minorias sociais podem nos contar. Como podem também o novo empregado da fábrica e o bode expiatório. Não é nada prazeroso ser o menor na cadeia alimentar.

Uma amiga que foi criada em uma fazenda me contou sobre uma vez em que viu as suas galinhas atacando um pintinho recém-nascido doente. Ela correu e contou à sua mãe o que estava acontecendo. Sua mãe lhe explicou que "isso é o que as galinhas fazem. Quando alguma está mesmo doente, as demais bicam-na até morrer".

Por isso Deus diz que no amor não há lugar para a lei do galinheiro. Jesus não tolerará tais pensamentos. Essa mentalidade de galinheiro pode funcionar na fazenda mas não em seu Reino. Veja o que Ele diz sobre as aves "A" de seus dias:

> E fazem todas as obras a fim de serem vistos pelos homens, pois trazem largos filactérios, e alargam as franjas das suas vestes, e amam os primeiros lugares nas ceias, e as primeiras cadeiras nas sinagogas, e as saudações nas praças, e o serem chamados pelos homens: Rabi, Rabi (Mt 23:5-7).

Jesus não permite a existência de aves "superiores" na igreja, aqueles que se empoleiram no topo da escada espiritual e ostentam suas roupas, títulos, jóias e assentos escolhidos. Jesus não suporta isso. É fácil perceber o motivo. Como posso amar aos outros se os meus olhos só vêem a minha pessoa? Como posso apontar para Deus se estou apontando para mim mesmo? E, ainda pior, como posso ver a Deus se estou abanando as penas de minha própria cauda?

O evangelho não dá lugar a castas sociais. Jesus não permite a lei do galinheiro. O amor não se ufana, não se ensoberbece (1 Co 13.4).

Qual é a solução do Senhor para o sistema de castas criado pelo homem? Uma mudança de direção. Em um mundo onde as pessoas procuram mover-se para cima, escolha servir, que equivale a mover-se para baixo. Humilhe-se, não se exalte. "Cada um considere os outros superiores a si mesmo" (Fp 2.3). Foi isso que Jesus fez.

Ele se comportou da maneira inversa ao sistema de castas Enquanto os outros procuravam subir, Ele se humilhava.

> De sorte que haja em vós o mesmo sentimento que houve também em Cristo Jesus, que, sendo em forma de Deus, não teve por usurpação ser igual a Deus. Mas aniquilou-se a si mesmo, tomando a forma de servo, fazendo-se semelhante aos homens; e, achado na forma de homem, humilhou-se a si mesmo, sendo obediente até à morte e morte de cruz (Fp 2.5-8).

Você faria o que Jesus fez? Ele trocou uma mansão imaculada por uma manjedoura. Trocou a adoração dos anjos pela companhia de assassinos e pecadores. Poderia ter o universo na palma da mão, mas renunciou a tudo isso para ser gerado no ventre de uma virgem.

Se você fosse Deus, dormiria sobre palha, mamaria no peito e seria vestido com uma fralda? Eu não faria essas coisas, mas Cristo as fez.

Se você soubesse que poucos se importariam com a sua vinda, ainda assim viria? Se você soubesse que aqueles a quem ama lhe escarneceriam no rosto, ainda assim se preocuparia com eles? Se soubesse que as línguas que criou zombariam de você, as bocas que formou cuspiriam em você, as mãos que moldou lhe crucificariam, ainda assim as criaria? Cristo as criou. Você consideraria os paralíticos e inválidos mais importantes do que a si mesmo? Cristo agiu assim.

Ele se humilhou. Deixou de comandar os anjos e passou a dormir sobre palhas. Deixou de tocar as estrelas e agarrou o dedo de Maria. A mão que sustentava o universo recebeu o prego de um soldado.

Por quê? Porque é isto que o amor faz. Ele coloca a pessoa amada antes de si mesmo. A sua alma era mais importante que o sangue dEle. A sua vida eterna era mais importante que a vida terrena dEle. O seu lugar no céu era, para Ele, mais importante que o lugar dEle no céu. Por isso Ele abriu mão do lugar que era dEle, para que você pudesse ter o seu.

É assim que Ele ama você, e pelo fato de o amar, você tem importância primordial para Ele.

Cristo não está de acordo com a lei do galinheiro. Ele aponta para o pardal, o passarinho mais barato de seu tempo, e diz: "Não se vendem cinco passarinhos por dois ceitis? E nenhum deles está esquecido diante de Deus... mais valeis vós do que muitos passarinhos" (Lc 12.6,7).

Deus se lembra dos pequenos pássaros do mundo. Nós nos lembramos das águias. Fazemos estátuas de bronze de falcões. Nossos times esportivos têm nomes de falcões. Mas Deus reconhece os pardais.

Ele tem tempo para as crianças e cuida dos leprosos. Ele oferece à mulher adúltera uma segunda oportunidade e faz um convite pessoal ao bandido na cruz. Cristo está ao lado dos cansados e sobrecarregados e insiste para que sejamos como Ele. "Quando fizeres convite, chama os pobres, aleijados, mancos e cegos" (Lc 14.13).

Você quer amar aos outros como Deus lhe ama? Venha com sede. Beba intensamente do amor de Deus por você, e peça-lhe para encher o seu coração com um amor valioso. Um amor que fará com que você seja capaz de:

Colocar os demais antes de si mesmo. Esther Kim sabe o que isto significa. Por treze anos ela teve um sonho. As Olimpíadas. Ela queria representar os Estados Unidos na equipe de tae kwon do.

Desde os oito anos de idade, ela passava todo o tempo disponível em treinamento. Na verdade, foi durante os treinos que conheceu sua melhor amiga, Kay Poe. As duas trabalharam tanto e por tanto tempo que ninguém ficou surpreso quando ambas se qualificaram para as provas olímpicas de 2000, em Colorado Springs.

Entretanto, todos se surpreenderam quando foram colocadas na mesma categoria. Elas nunca haviam competido uma contra a outra, mas quando o número de categorias foi reduzido, elas se encontraram no mesmo nível. Seria apenas uma questão de resultados até que se encontrassem na seletiva. Uma ganharia e a outra perderia. Somente uma iria para a Austrália.

Como se isso não bastasse, e o momento precisasse de um pouco mais de drama, dois fatos novos puseram Esther Kim em uma posição delicada, de partir o coração. Em primeiro lugar, sua amiga Kay machucou a perna na luta que precedeu a delas. Kay mal podia andar, muito menos competir. Por causa do seu ferimento, Esther poderia derrotar sua amiga com pouco esforço.

Mas havia uma segunda verdade. Esther sabia que Kay era melhor lutadora. Se aproveitasse a vantagem sobre sua amiga contundida, a melhor atleta ficaria em casa.

Então, o que ela fez? Esther apresentou-se no tablado e reverenciou sua amiga e adversária. Ambas sabiam o significado desse gesto. Esther desistiu de sua oportunidade. Ela considerou a causa olímpica mais importante do que o crédito pessoal.[1]

Este é o momento adequado para algumas perguntas delicadas. O que é mais importante para você — que o trabalho seja feito ou que você seja visto? Quando um irmão ou irmã é honrado, você fica contente ou enciumado? Você tem a atitude de Jesus? Você considera os outros mais importantes do que você mesmo?

Posso contar-lhe sobre a primeira vez que senti a força desse desafio?

Harold sofria de paralisia cerebral. Não podia andar, vestir-se, alimentar-se ou ir ao banheiro sozinho. Minha função era ajudá-lo nestas atividades. E eu não gostava disso. Havia me mudado para St. Louis a fim de obter treinamento espiritual. Tinha saído recentemente da universidade e estava pronto para mudar o mundo. Pronto para pregar, viajar e fazer história. Mas não estava pronto para ajudar Harold.

O diretor de nosso programa de residência tinha outros planos. Um dia me contou que tinha uma missão especial para mim. Imaginei que ele se referisse a uma promoção. Nunca pensei que ele se referisse a Harold.

Harold adorava as aulas sobre a Bíblia e os cultos de adoração ao Senhor. Meu trabalho era ajudá-lo a comparecer a ambos. Buscá-lo, limpá-lo. Levá-lo em sua cadeira de rodas até o local, sentar-me ao seu lado e levá-lo para casa. Segurar o seu garfo para que ele comesse, limpar a sua boca quando ele babasse. Não me lembro de ter me sentido muito carinhoso. Lembro-me do dia em que estudamos Filipenses 2.3: "... por humildade; cada um considere os outros superiores a si mesmo".

Depois que o professor leu essa passagem, fez a seguinte pergunta: "Pense na pessoa à sua esquerda. Você a considera mais importante que você?" Olhei à minha esquerda. Adivinhe quem vi? Harold. Com sua cabeça tombada para frente, com a boca aberta.

Harold, mais importante do que eu? Eu tinha saúde, falava fluentemente, tinha dedicado horas de trabalho para obter meu diploma. Como poderia considerá-lo mais importante?

Mas Deus me convenceu da minha arrogância e começou a trabalhar em minhas atitudes. Lenta, mas notadamente, tornei-me uma pessoa feliz pela oportunidade de cuidar de Harold. No final do ano, havíamos nos tornado grandes amigos. Deus realizou um milagre silencioso, porém indelével, em meu coração. Quando soube da morte de Harold há um ano, agradeci a Deus por ter conhecido um professor tão especial como ele. Deus usa pessoas como Harold para lembrar-nos: *Coloque os outros antes de si mesmo.*

E então: *Aceite a sua parte no plano de Deus.* Deus usa pessoas como Bob Russell para exemplificar esse tipo de amor. Bob trabalha na Southeast Christian Church, em Louisville, no Kentucky. Quando Bob começou a cooperar ali em 1966, a igreja contava com 125 membros, e Bob tinha vinte e dois anos de idade. Durante os últimos trinta e cinco anos, Deus transformou essa igreja em uma das melhores e maiores famílias cristãs. Mais de 16 mil pessoas se reúnem todos os finais de semana para adorar ao Senhor em algum dos diversos cultos que ali são realizados.

Em 1989 Bob tomou uma decisão que surpreendeu a muitos observadores. Ele anunciou que partilharia a pregação da Palavra com um rapaz de vinte e sete anos. Ele e Dave Stone ministrariam conjuntamente nessa igreja. De acordo com o plano, a cada ano Bob pregaria menos sermões e Dave pregaria cada vez mais. Desta maneira, Bob teria mais tempo para dirigir a igreja e esta ganharia um sucessor experiente.

Nem todos seriam capazes de agir do mesmo modo. Pessoas com grandes egos lutam para alcançar o púlpito, até mesmo em igrejas menores. Mas Bob entendia o perigo que a "lei do galinheiro" representava e era suficientemente humilde para invertê-la.

A verdadeira humildade está não em desprezar a si mesmo, mas em julgar corretamente a si mesmo. O coração humilde não diz: "Não posso fazer nada". Ao contrário, ele diz: "Não posso fazer tudo. Conheço o meu papel e sinto-me feliz realizando-o".

Quando Paulo escreve "cada um *considere* os outros superiores a si mesmo" (Fp 2.3; ênfase do autor), usa um verbo que significa "calcular", "avaliar". A palavra implica um julgamento consciente com base em fatos cuidadosamente considerados.[2] Assim, considerar os outros melhores do que a si mesmo não significa não ter um lugar, mas conhecer o seu próprio lugar. "Digo a cada um dentre vós que não saiba mais do que convém saber, mas que saiba com temperança, conforme a medida da fé que Deus repartiu a cada um"; isto equivale a dizer: "Não cultive idéias exageradas sobre si mesmo ou sobre sua importância, mas procure fazer uma estimativa sensata de sua capacidade à luz da fé que Deus lhe deu" (Rm 12.3).

E finalmente:

Seja rápido para aplaudir o sucesso dos outros. Paulo dá o seguinte conselho aos Romanos: "Amai-vos cordialmente uns aos outros com amor fraternal, preferindo-vos em honra uns aos outros" (Rm 12.10). Isto equivale a dizer: "Dêem aos demais uma honra superior àquela que vocês desejam para si mesmos".

William Barclay conta sobre um educador respeitado do século passado. Ele era conhecido não apenas por seu sucesso mas pela maneira como encarava o sucesso. Em determinada ocasião, quando subia para ocupar um lugar em uma tribuna, o público percebeu quem ele era e começou a aplaudi-lo. Chocado, voltou-se e pediu ao homem que vinha atrás dele que prosseguisse. Então, ele começou a aplaudir o homem, como se os aplausos fossem para o outro, e ele também desejasse aplaudi-lo.[3]

O coração humilde honra os outros.

Novamente, não é Jesus o nosso exemplo? Ele se contentou em ser conhecido como um carpinteiro. Ficou feliz por ser confundido com o jardineiro. Serviu aos seus discípulos lavando-lhes os pés Ele nos serve fazendo a mesma coisa. A cada manhã, nos presenteia com a beleza da natureza. A cada domingo, nos convida à sua mesa. A cada momento, habita em nosso coração. Sem falar do dia em que se cingirá, e nos fará assentar à mesa, e, chegando-se, nos servirá (Lc 12.37).

Se Jesus está tão disposto a nos honrar, não podemos fazer o mesmo com as outras pessoas? Faça disso uma prioridade. Aceite a sua parte no plano de Deus. Seja rápido em compartilhar os aplausos. E, acima de tudo, considere os outros mais importantes do que a si mesmo. O amor age assim. Porque o amor "não trata com leviandade, não se ensoberbece" (1 Co 13.4).

Alguém está juntando todas essas peças. Seus pensamentos são algo parecido com: *Se eu pensar que você é mais importante que eu... e se você pensar que sou mais importante que você... e se ele pensar que ela é mais importante do que ele... e se ela pensar que ele é mais importante do que ela... então, no final, todos se sentirão importantes, mas ninguém agirá como se fosse importante.*

Ah! Você não acha que era isto que Deus tinha em mente?

CAPÍTULO SEIS

UMA CONVOCAÇÃO À CORTESIA

O amor... não é rude.
1 CORÍNTIOS 13.5
(TRADUÇÃO LIVRE DO INGLÊS)

Jesus sempre bate antes de entrar.

Ele não precisa bater. Ele é o dono do seu coração.

Se há alguém que tem o direito de entrar sem pedir licença, esse alguém é Cristo. Mas Ele não o faz.

O que é aquela batidinha gentil que você está ouvindo? É Cristo.

"Eis que estou à porta e bato" (Ap 3.20).

E quando você atender,

Ele aguardará o seu convite para entrar.

Você está vendo o passageiro no portão 26? Aquele sujeito que está olhando para a funcionária com um olhar triste, como o de um cão da raça bassê? Sou eu. É, eu sei, você não consegue ver direito. O aeroporto DFW está lotado. Se você distribuir umas antenas e alguns conjuntos extras de pernas, terá um formigueiro humano. Estamos nos amontoando.

O problema surgiu no Canadá. Uma frente do norte atingiu o Meio-Oeste, congelando o aeroporto O'Hare e impossibilitando milhares de itinerários, inclusive o meu. Quando o avião finalmente nos deixou aqui, corremos pelo saguão como compradores do Wal-Mart na liquidação do dia seguinte ao dia de Ação de Graças. Tenho pena de qualquer coisa ou pessoa que estiver em nosso caminho. De que outra maneira conseguiríamos embarcar em nossos vôos de conexão? Mesmo com uma condição meteorológica normal dificilmente conseguiria pegar o último vôo para San Antonio.

Isso explica o meu olhar de cachorro sem dono. Estou jogando o pouco charme que tenho sobre a funcionária gentil, mas confusa. O vôo está com excesso de reservas e ela está com o meu futuro em suas mãos. O que será que ela vai me dar — um cartão de embarque ou um voucher para passar a noite em um hotel?

— Há lugares disponíveis? — Pergunto com uma piscadela, mas ela não percebe. Empurro uma nota de 20 dólares para ela, mas a funcionária não a vê. Apenas olha para a tela e suspira: — Eu receio...

Receia? Receia o quê?!

"Receio que você tenha que passar a noite no banheiro masculino".

"Receio que o único lugar disponível seja na última fila, entre dois lutadores de sumô".

"Receio que você esteja espremendo este exemplo como se fosse uma vaca leiteira, e se você não chegar logo ao assunto deste capítulo, eu terei que mandá-lo para o Afeganistão".

Mas ela não disse nada disso. Você quer saber como ela completou a frase? (Pegue um lenço de papel. Você vai se comover).

— Eu receio que não haja mais lugares disponíveis na classe econômica. Vamos passá-lo para a primeira classe. Você se importa se eu fizer isso?

— Você se importa se eu lhe der um beijo?

Então embarquei no avião e me acomodei na poltrona larga com espaço extra para as pernas e sorria como um prisioneiro em liberdade condicional antecipada. Eu não estava apenas indo para casa, estava indo para casa em grande estilo. Recostei a cabeça, fechei os olhos e...

— Ei! Ei! Moça! — Abri os olhos. Duas fileiras à minha frente havia um sujeito em pé. Um sujeito baixinho. Não era necessário ver a sua cabeça para logo assumir a posição de sentido, como em um quartel. Bastava ouvir o seu tom de voz. Ele estava sendo rude.

— Como é que um sujeito pode conseguir um travesseiro extra por aqui? E o meu drinque? Minha mulher e eu pagamos uma tarifa extra para voar na primeira classe. Estou acostumado a ser mais bem atendido. Quero ser atendido!

Não é que os comissários nada tivessem para fazer, você sabe. Eles tinham que assegurar-se de que as portas e os compartimentos estavam fechadas para que este vôo — que já tinha uma hora de atraso — pudesse decolar. Seria de imaginar que um passageiro pudesse esperar um pouco mais por seu travesseiro e por seu uísque. Mas não esse sujeito. Afinal de contas, como já sabemos, ele havia desembolsado uma tarifa extra para voar na primeira classe.

O que poderia explicar a diferença entre o seu comportamento e o meu? Nem sempre sou um bom exemplo, mas naquela noite eu era um modelo de cortesia. Você não me ouvia resmungar. Eu não estava reclamando. Não exigi a poltrona da janela da fila 4. Simplesmente estava contente por estar a bordo. Pode ser que o senhor "Eu-Quero-Aquilo-Agora" tivesse pago por seu lugar. Eu não. O meu era um presente, era gratuito. E não era o primeiro. Deus já havia me dado um, muito antes das companhias aéreas. Uma condição melhor. Não apenas passar para a primeira classe. Mas passar de pecador a santo, de merecedor do inferno a alguém destinado ao céu, de confuso a esclarecido, de culpado a justificado. Se há alguém que passou para uma classe melhor, esse alguém fui eu. Não estou apenas indo para casa, estou indo para casa em grande estilo. E não paguei um centavo por isto. Assim como nenhum dos filhos de Deus.

Mas agimos algumas vezes como se tivéssemos pago? Algumas vezes nos comportamos como a *prima dona, ou a estrela* sem travesseiro da primeira fila? Pense, por um momento, no pedido daquele homem. Não era razoável? Sim. Um travesseiro é parte do kit de vôo. *O que* ele pediu era razoável. *A maneira como* o pediu, entretanto, não era. Pediu no momento errado; poderia ter esperado alguns minutos. Seu tom de voz foi áspero; em sua opinião as aeromoças não mereciam condescendência. Sua agenda era egoísta. Não queria apenas um travesseiro; queria ser o centro das atenções.

A Bíblia tem uma palavra de quatro letras para este comportamento: *rude*. Ao definir as características do amor em 1 Coríntios 13.5, Paulo mostra que o amor não é rude: "O amor... não se porta com indecência", ou "O amor não se conduz inconvenientemente", ou ainda "Quem ama não é grosseiro".

A palavra grega para *rude* significa comportamento vergonhoso ou infame.

Um exemplo de grosseria foi recentemente observado perante uma corte judicial em Minnesota. Um homem caiu de sua canoa e perdeu a calma. Embora o rio estivesse repleto de famílias em férias, ele poluiu o ar com obscenidades. Algumas das famílias o processaram. Ele alegou: "Tenho os meus direitos".

Deus nos chama a um assunto mais elevado, a uma preocupação mais nobre. Não para perguntar "Quais são os meus direitos?", mas "O que é o amor?"

Você tem o direito de dominar uma conversa? Sim, mas fazer isso é amar?

Você tem o direito de fingir que não ouve o que sua mulher está dizendo? Imagino que sim. Mas isso é amar?

Faz parte dos seus direitos brigar com o funcionário de uma loja ou com os seus filhos? Sim. Mas agir dessa maneira é amar?

Denalyn tem o direito de estacionar o seu carro no centro de nossa garagem. Ela fazia isso freqüentemente. Sempre abria a porta da garagem e via o seu carro ocupando a metade do seu espaço e a metade do meu. Minha reação sempre foi uma dica bem-humorada. — Denalyn — dizia enquanto entrava em casa —, há um carro ocupando sua metade da garagem, bem no meio dela.

Talvez eu tenha dito isso com mais firmeza certo dia. Talvez meu tom de voz não tenha sido tão alegre. Sinceramente, não sei o que houve. Mas ela passou a estacionar corretamente. Ouvi minha filha perguntar-lhe por que tinha deixado de estacionar no centro. — Será que isso é importante, mamãe?

— Não é importante para mim. Mas parece ser muito importante para o seu pai. E se é importante para ele, é importante para mim.

Esta não foi uma atitude cortês? Não foi uma atitude cristã? Talvez você nunca tenha associado a palavra *cortesia* a Cristo. Jamais havia feito isso, antes de escrever este capítulo.

Mas não é verdade que você nunca repara em camionetes vermelhas de cabine-dupla até que seu amigo manifesta o desejo de ter uma — então você consegue vê uma dúzia delas? Nunca tinha pensado muito sobre a maneira cortês de Cristo antes, mas depois que comecei a pensar, percebi que Jesus faz com que Emily Post (autora norte-americana de livros de etiqueta social) se pareça com Archie Bunker (personagem de seriado de televisão norte-americano, que não tem boas maneiras).

Jesus sempre bate antes de entrar. Ele não precisa bater. Ele é o dono do seu coração. Se há alguém que tem o direito de entrar sem pedir licença, esse alguém é Cristo. Mas Ele não o faz. O que é aquela batidinha gentil que você está ouvindo? É Cristo. "Eis que estou à porta e bato" (Ap 3.20). E quando você atender, ele aguardará o seu convite para entrar.

Foi assim que Ele tratou os dois discípulos no caminho de Emaús. O Cristo ressuscitado não deduziu que eles lhe seriam hospitaleiros. Quando entraram na casa, Ele não os seguiu. Apenas quando "insistiram" para que entrasse, Ele o fez (Lc 24.29). Surpreendente! Alguns dias antes, Ele tinha morrido por seus pecados. Algumas horas antes, Ele tinha derrotado a morte deles. Cada anjo no universo teria alegremente servido como seu tapete, mas Jesus, sempre um cavalheiro, caminha sem vangloriar-se.

E quando entra, Ele sempre traz um presente. Alguns trazem vinho e flores. Cristo traz "o dom do Espírito Santo" (At 2.38). E, enquanto permanece naquela casa, Ele serve. "Porque o Filho do Homem não veio para ser servido, mas para servir" (Mc 10.45). Se você estiver sem avental, encontrará Jesus usando um. Ele serve aos convidados à medida que se sentam (Jo 13.4,5). Ele não comerá antes que dêem graças, e não sairá até que o jantar esteja finalizado, e as sobras sejam recolhidas (Mt 14.19,20).

Ele é suficientemente cortês para dizer-lhe o nome dEle (Êx 3.15) e chamá-lo pelo seu (Jo 10.3). E quando você fala, Ele nunca interrompe. Você já consultou certo tipo de médico que é tão ocupado que receita o remédio antes de ouvir qual é o problema? Jesus não é assim. Se quisesse, poderia ser. Ele "sabe o que vos é necessário antes de vós lho pedirdes" (Mt 6.8). Ele também sabe o que você fez, antes mesmo que peça perdão. "Não há criatura alguma encoberta diante dele; antes, todas as coisas estão nuas e patentes aos olhos daquele com quem temos de tratar" (Hb 4.13). Um Deus menos gentil lhe interromperia no meio da frase recordando seus pontos fracos. Não Cristo. Ele não é rude. Ele ouve.

Ele chega sempre no momento certo. Nunca adiantado. Jamais atrasado. Se você está verificando o seu relógio, é porque está em um itinerário diferente. "Tudo tem o seu tempo determinado" (Ec 3.1). E Cristo chega sempre na hora certa.

Ele até mesmo abre a porta para você. Paulo pôde pregar em Trôade porque o Senhor lhe abriu uma porta (2 Co 2.12). Quando perguntei ao meu pai por que os homens deveriam abrir as portas para as mulheres, sua resposta foi uma única palavra: "respeito". Com certeza Cristo tem muito respeito por você.

Ele bate antes de entrar. Sempre traz um presente. A comida está servida. A mesa está limpa. Graças são dadas. Ele sabe o seu nome e lhe diz o dEle, e observe o que vem a seguir.

Ele puxa uma cadeira para você sentar. "Nos ressuscitou juntamente com ele, e nos fez assentar nos lugares celestiais, em Cristo Jesus" (Ef 2.6).

Minha esposa tem um afeto especial por mães solteiras. Ela aprecia ter conosco à mesa uma viúva ou uma mãe divorciada quando vamos a um restaurante. Ao longo dos anos tenho observado um apreço comum por parte destas mulheres. Apreciam quando puxo a cadeira para que se sentem. Mais de uma vez me agradeceram especificamente por esta atitude. Lembro-me particularmente de uma delas. — Oh! — enrubesceu e enxugou a umidade dos seus olhos, dizendo: — já faz algum tempo que ninguém faz isso comigo.

Já faz algum tempo para você também? As pessoas podem ser muito rudes. Roubamos vagas de estacionamentos. Esquecemos nomes de pessoas. Interrompemos os outros enquanto falam. Deixamos de comparecer a um encontro. Será que poderíamos mostrar um pouco mais de cortesia? Já faz algum tempo que ninguém puxa a cadeira para você?

Então deixe Jesus fazê-lo. Não passe direto por essa idéia. Receba a cortesia de Cristo. Ele é o seu noivo. O noivo não trata a noiva com carinho? Respeita-a? Honra-a? Deixe que Cristo faça o que anseia fazer. Pois à medida que você receber o amor dEle, achará mais fácil dar o seu amor. Ao pensar na cortesia com que Cristo lhe trata, se sentirá propenso a agir da mesma maneira.

Você se deu conta de que as quatro primeiras letras da palavra *cortês* ou *cortesia* formam a palavra *corte*? Na antiga Inglaterra, ser cortês era agir de acordo com os modos da corte. Os familiares e os servos do rei deveriam seguir um alto padrão de comportamento.

Assim somos nós. Não fomos chamados para representar o Rei? Então, "assim resplandeça a vossa luz diante dos homens, para que vejam as vossas boas obras e glorifiquem o vosso Pai, que está nos céus" (Mt 5.16).

De vez em quando, nossos membros usam uma camiseta com o nome da nossa igreja. Certo dia uma de nossas irmãs precisava de uma panela especial, e passou a telefonar para várias lojas até que encontrou o que queria em uma loja do outro lado da cidade. Ela foi até lá, através de um tráfego intenso, mas encontrou somente um vendedor grosseiro que lhe disse que não tinham mais o produto

Essa irmã começou a devolver "pedra por pedra", mas então lembrou-se de que estava usando a camiseta — e mudou seu comportamento.

A verdade é que todos nós estamos usando uma camiseta. "Porque todos quantos fostes batizados em Cristo já vos revestistes de Cristo" (Gl 3.27). "Vestimos" Jesus. E aqueles que não crêem em Jesus observam as nossas atitudes. Estes tomam decisões a respeito de Cristo baseando-se naquilo que vêem em nós. Quando somos bons, concluem que Cristo é bom. Quando somos educados, concluem que Cristo é educado. Mas quando somos impudentes, o que as pessoas pensarão a respeito de nosso Rei? Quando somos desonestos, a que conclusão poderá chegar um observador sobre o nosso Mestre? Não é de admirar que Paulo diga: "Andai com sabedoria para com os que estão de fora, remindo o tempo. A vossa palavra seja sempre agradável, temperada com sal, para que saibais como vos convém responder a cada um" (Cl 4.5,6). O comportamento cortês honra a Cristo.

Também honra aos seus filhos. Ao ceder uma vaga de estacionamento a alguém, você honra essa pessoa. Quando devolve um livro emprestado, você honra quem o emprestou. Quando se esforça para cumprimentar a todos os que estão na sala, especialmente aqueles a quem outros podem ter ignorado, você honra os filhos de Deus.

Em seu livro intitulado "Handyman of the Lord" (*O Faz-tudo do Senhor*), William Borders nos conta a história de um homem negro, cuja pobreza o levou a mendigar comida. Ao tocar a campainha de uma mansão na parte Sul da cidade, foi-lhe dito para ir à porta dos fundos, onde lhe seria dado algo para comer. O dono da casa foi encontrar-se com ele na porta dos fundos e disse: — Primeiro vamos abençoar a comida. Repita depois de mim: "Pai nosso, que estás no céu...".

O homem esfomeado respondeu: — Seu Pai, que está no céu...

— Não — corrigiu o dono da casa. — "Pai *nosso* que estás no céu..."

Novamente o mendigo disse: — "Seu Pai que está no céu..."

Frustrado, o dono da comida perguntou: — Por que você insiste em dizer "seu Pai" se eu quero que diga "Pai nosso"?

O homem respondeu: — Se eu disser "Pai nosso", isso faria com que você e eu fôssemos irmãos, e eu temo que o Senhor não gostaria disso, de que pedisse a seu irmão para vir à porta dos fundos para conseguir um pouco de comida.[1]

A cortesia honra a Deus e a seus filhos. Faça tudo o que puder para viver em paz com todos (Rm 12.18). Simplesmente dê o melhor de si. Você não pode controlar as atitudes dos outros, mas pode dominar as suas.

Além disso, olhe onde você está sentado. Você poderia ter sido um passageiro excluído do vôo, mesmo tendo a sua reserva. Ao invés disso, conseguiu um lugar melhor. Então relaxe e aproveite a viagem. Você está indo para casa em grande estilo.

CAPÍTULO

SETE

Tirando o "Eu" de Diante de seus Olhos

O amor... não procura os seus interesses...
1 Coríntios 13.4,5 (ara)

Tire o seu "eu" dos seus olhos,

Tirando os olhos de si mesmo.

Deixe de pensar somente em seu pequeno ser,

E concentre-se em seu grande Salvador.

Existe uma doença que faz a Peste Negra parecer tão branda quanto um resfriado comum.

Conte o número de mortes devido a todas as infecções, febres e epidemias desde o princípio dos tempos, e você ainda estará muito longe da quantidade de óbitos ocasionados por esta enfermidade.

E desculpe-me por ser a pessoa a lhe dizer isto, mas você está infectado. Você tem a doença. Você é uma vítima — é um portador dessa enfermidade. Você já apresentou os sintomas e manifestou os sinais. Você tem um diagnóstico confirmado de — segure-se æ egoísmo.

Você não acredita?

Imagine que você apareça na foto de um grupo. A primeira vez que vê a foto, para onde olha? E se você aparece bem, gosta da foto? Se você é o *único* que aparece bem, ainda assim gosta da foto? Se alguns parecem vesgos, ou têm espinafre entre os dentes, você ainda assim gosta da foto? Se isso faz com que você goste ainda mais da foto, você é um caso grave.

E as manifestações físicas?

Mãos que agarram. Os seus dedos agarram e se fecham ao redor das coisas que você possui?

Dentes salientes e ameaçadores. Você mostra os dentes quando é interrompido ou irritado?

Pés pesados. Quando algum carro procura entrar ou passar à sua frente, você sente um repentino peso no pé que está no acelerador?

Ombros dilatados. Alguma inflamação proveniente dos tapinhas que você dá em suas próprias costas?

E o seu pescoço. Dói, de tanto manter o nariz para cima?

Mas acima de tudo, olhe nos seus olhos. Olhe dentro de suas pupilas. Você consegue ver uma figura minúscula? A imagem de uma pessoa? Uma imagem de si mesmo?

O egocêntrico vê tudo através de si mesmo. Seu lema? "Tudo diz respeito a mim". O horário do vôo. O tráfego. A moda. O modo de adorar. O clima, o trabalho, se alguém tem ou terá bons resultados ou não — tudo é filtrado pela miniatura do "eu" que está dentro do olho.

Egoísmo.

Isso pode ser fatal.

Ouça as palavras de Tiago: "Porque, onde há inveja e espírito faccioso, aí há perturbação e toda obra perversa" (Tg 3.16).

Você quer uma prova?

Vamos examinar um jornal. A edição de hoje. Quantos exemplos de egoísmo podemos encontrar nas primeiras páginas?

1. Uma adolescente morreu em um acidente de automóvel. Seu namorado foi desafiado para uma corrida em uma rua da cidade. Aceitou o desafio e cravou o carro em um poste telefônico.

2. A maior companhia de petróleo do mundo pediu falência. Os executivos sabiam que o barco estava afundando, mas não disseram a ninguém até que tivessem tido tempo suficiente para obter altos lucros.

3. Um cidadão muito conhecido foi preso por prática de pornografia infantil.

O egoísmo é para a sociedade o que o navio Exxon *Valdez* foi para os mariscos e lontras — mortal. É de admirar que Paulo tenha escrito: "Nada façais por contenda ou por vanglória [no sentido de egoísmo], mas por humildade; cada um considere os outros superiores a si mesmo. Não atente cada um para o que é propriamente seu, mas cada qual também para o que é dos outros" (Fp 2.3,4).

À primeira vista parece impossível alcançar o comportamento descrito neste verso.

Nada? Não deveríamos fazer *nada* por nós mesmos? Nada de vestido ou terno novo. E ir à escola ou poupar dinheiro — não poderiam essas coisas ser consideradas egoísmo?

Poderiam, a menos que tenhamos cuidado para entender o que Paulo diz. A palavra que o apóstolo usa para *egoísmo* tem a mesma raiz que as palavras *disputa* e *contencioso*. Tem o sentido de uma preocupação com o próprio bem-estar, a ponto de ferir os outros. Uma arrogância divisora. De fato, os escritores do primeiro século usaram esta palavra para descrever um político que conseguiu um cargo por manipulação ilegal, ou uma prostituta que seduziu um cliente, trazendo assim a humilhação a ambos.[1] *O egoísmo é uma obsessão da pessoa para consigo mesma, que exclui as demais e que magoa a todos.*

Cuidar dos próprios interesses é uma atividade normal na administração de nossa vida. Fazê-lo com a finalidade de excluir o resto do mundo, é egoísmo. O advérbio destacado no versículo 4 é útil. "Não atente cada um (apenas) para o que é propriamente seu, mas cada qual também para o que é dos outros" ou, em outras palavras, "não busquem *meramente* os seus próprios interesses, mas também os interesses dos outros".

Você quer sucesso? Ótimo. Basta não ferir outras pessoas para obtê-lo. Quer parecer bem? Excelente. Basta não conseguir isso às custas do prejuízo dos outros. O amor não é egoísta.

Eu era. E confundi as coisas neste processo.

Há algumas segundas-feiras eu pretendia dedicar o dia à preparação de sermões. Mas uma ligação urgente mudou os meus planos. *Não tem problema*, disse a mim mesmo, *começarei na terça-feira*. Algumas pessoas boas tinham idéias diferentes. Havia um novo projeto prioritário, e havia correspondências para ler. Algumas contas precisavam ser pagas e — ah, sim, eu tinha esquecido o almoço. Não era a agenda que eu tinha em mente. Mas sempre havia a quarta-feira.

Na quarta-feira, a reunião da diretoria se alongou. Tamborilava meus dedos, mas ninguém entendeu o que eu estava sugerindo. Pigarreava e dava corda em meu relógio de bateria, mas ninguém percebeu. Finalmente a reunião terminou, e eu pude estudar. "Não se esqueça de telefonar para Fulano", lembraram-me enquanto saía da sala. "Ele vai partir dentro de uma hora". *Fulano* estava de bom humor. Um humor para bater papo. Eu estava em um humor apressado. Um humor concentrado em algo. O domingo estava chegando e o tempo estava passando. Eu tinha o trabalho do Senhor a fazer, e as pessoas estavam no meu caminho.

Finalmente, no meio da tarde eu me sentei. Tocou o telefone. Era minha esposa. *Infelizmente* ela estava de muito bom humor.

— Nos vemos na cerimônia? — ela me lembrou.

— Que cerimônia?

— Hoje é a formatura de ginásio da Andréa.

Que dia mais estúpido para programar uma cerimônia de formatura! Todos sabem que os diplomas murcham nas quartas-feiras. Ela prosseguiu, ainda com aquele ar enfadonhamente feliz:

— Você poderia apanhar a Jenna na escola e trazê-la para casa?

Essa mulher não sabe do meu chamado? Não sabe o meu lugar na história? Almas famintas necessitam do meu estudo. Mentes enfraquecidas aguardam palavras inspiradas pelo Senhor. Até os anjos fazem fila para ocupar os assentos da primeira fila aos domingos — e ela quer que eu seja um motorista. — Está bem — rosnei, nem sequer disfarçando meu descontentamento.

Eu estava aborrecido. E por estar aborrecido, reclamei com Jenna por não ter vindo depressa para o carro.

Eu estava aborrecido. E por estar aborrecido, esqueci-me de ser agradável na cerimônia de formatura.

Eu estava aborrecido. E por estar aborrecido, eu disse: — Vamos logo, Andréa — ao invés de dizer: — É hora de ir embora, Andréa.

Eu estava aborrecido. Meu dia não tinha sido como havia planejado. O pequeno Max dentro dos meus olhos tinha crescido tanto que eu já não conseguia ver mais nada.

Aparentemente Deus estava determinado a mudar tudo aquilo. Às cinco da tarde de quarta-feira, cerca de cinqüenta e seis horas depois do planejado para iniciar a minha preparação, abri a Bíblia para ler o texto da semana e encontrei as mesmas palavras que estamos estudando agora:

> Nada façais por contenda ou por vanglória, mas por humildade; cada um considere os outros superiores a si mesmo. Não atente cada um para o que é propriamente seu, mas cada qual também para o que é dos outros (Fp 2.3,4).

Lembra-se do trecho que descreve a Palavra de Deus como uma espada? Eu tinha sido atingido. Da mesma forma que um médico diagnostica uma doença, o trecho me diagnosticou. Egoísmo. Por causa do pequeno "eu" nos meus olhos, não podia ver minhas bênçãos.

O amor constrói relacionamentos; o egoísmo destrói relacionamentos. Não é de admirar que Paulo seja tão enfático em seu apelo: "Nada façais por contenda ou por vanglória, mas por humildade" (Fp 2.3).

Mas não nascemos egoístas? E se é assim, podemos fazer alguma coisa a respeito? Podemos tirar os olhos de nós mesmos? Ou, melhor dizendo, podemos tirar o pequeno "eu" de nossos olhos? De acordo com as Escrituras, podemos.

> Portanto, se há algum conforto em Cristo, se alguma consolação de amor, se alguma comunhão no Espírito, se alguns entranháveis afetos e compaixões, completai o meu gozo, para que sintais o mesmo, tendo o mesmo amor, o mesmo ânimo, sentindo uma mesma coisa (Fp 2.1,2).

A ironia de Paulo é ligeiramente velada. Há algum conforto? Alguma consolação? Alguma comunhão? Então sorria!

Qual é a cura para o egoísmo?

Tire o seu "eu" dos seus olhos, tirando os olhos de si mesmo. Deixe de pensar somente em seu pequeno ser, e concentre-se em seu grande Salvador.

Um amigo que é ministro episcopal nos Estados Unidos explica a razão pela qual termina suas orações com o sinal da cruz. "Tocando a minha testa e o meu peito faço um 'I' maiúsculo (que em inglês significa "eu"). O gesto de tocar um ombro e depois o outro corta o 'I' ao meio".

Não é uma obra da cruz? Um "eu" menor e um Cristo maior? Não tenha um enfoque maior em si mesmo; concentre-se em tudo aquilo que você tem em Cristo. Concentre-se no encorajamento que você tem em Cristo, na consolação de Cristo, no amor de Cristo, na comunhão do Espírito, na afeição e na compaixão do céu.

Se Cristo se tornar o centro de nossa atenção, não seremos como o médico de Arkansas. Ele diagnosticou mal a paciente. Considerou que a mulher estava morta. A família foi informada, e o marido foi tomado pela dor. Imagine a surpresa da enfermeira quando descobriu que a mulher estava viva! "Seria melhor o senhor contar à família", ela insistiu com o médico.

O embaraçado médico telefonou ao marido e disse: — Preciso falar com o senhor sobre o estado de sua mulher.

— O estado de minha mulher? — perguntou. — Ela está morta.

O orgulho do médico apenas permitiu que ele dissesse: — Bem, ela teve uma ligeira melhora.

Ligeira melhora? Isso que é uma informação suavizada! Lázaro está andando fora do túmulo, e ele chama isso de uma "ligeira melhora"?

O médico estava tão preocupado com a sua imagem, que perdeu a oportunidade de comemorar. Estamos rindo, mas não fazemos a mesma coisa? Fomos da cremação à celebração. Merecemos um banho de lava, mas recebemos uma piscina de graça.

Mesmo ao olhar para os nossos rostos você pensaria que nossas circunstâncias tiveram apenas uma "ligeira melhora". "Como vai a vida?", alguém pergunta. E nós, que ressuscitamos dos mortos, dizemos, "Bem, podia ser melhor". Ou, "Não consegui um lugar para estacionar". Ou, "Meus pais não me deixam ir para o Havaí". Ou, "As pessoas não me deixam em paz para que eu possa terminar meu sermão sobre o egoísmo".

Sinceramente. Nos preocupamos com chuva ácida sobre revestimentos de prata. Você pensa que Paulo poderia querer ter uma palavrinha conosco? Você está tão concentrado naquilo que não tem, que não enxerga o que tem? Você recebeu algum encorajamento? Alguma comunhão? Algum consolo? Então, você não tem razão para estar alegre?

Venha. Venha com sede. Beba intensamente da bondade de Deus.

Você tem um bilhete para o céu que nenhum ladrão pode roubar, um lar eterno que nenhum divórcio pode destruir.

Cada pecado de sua vida foi jogado no mar.
Cada erro cometido está cravado no madeiro.

Você foi comprado a preço de sangue, e feito cidadão dos céus.
Um filho de Deus — que estará a salvo para sempre.
Então agradeça e alegre-se — pois não é verdade?
O que você não tem é muito menos do que aquilo que você tem.

CAPÍTULO
OITO

A Fonte da Ira

O amor... não se irrita.
1 Coríntios 13.4,5
(tradução livre do inglês)

Deus encherá o seu mundo com flores.

Entregará pessoalmente um buquê à sua porta todos os dias.

Abra-a! Pegue-o!

Assim, quando a rejeição vier, você não ficará sem pétalas.

Um olhar aos dois irmãos não levantaria suspeitas. Vê-los sair juntos do culto não nos traria nenhum motivo de preocupação. Como quaisquer outros irmãos, eles tinham suas diferenças. Um se parecia mais com a mãe, o outro com o pai. Um queria ser criador de animais, o outro se interessava por agricultura. Com exceção disso, pareciam iguais. Compatíveis. Criados na mesma cultura. Brincavam nas mesmas colinas. Brincavam com os mesmos animais. Falavam com o mesmo sotaque. Adoravam o mesmo Deus.

Então por que um matou o outro? Por que o ataque violento? O que fez com que um irmão se voltasse contra o outro e derramasse o seu sangue? Por que Caim matou Abel?

Responder a essa pergunta é dirigir o foco a outra ainda mais difícil. Por trás da questão do assassinato está a questão da ira. Pois, "irou-se Caim fortemente" (Gn 4.5). Ira de verdade. Ira suficiente para matar. O que lhe provocou tanta ira?

A ira, em si, não é um pecado. Este tipo de emoção foi idéia de Deus. "Irai-vos", ele diz, mas "não pequeis" (Ef 4.26). É possível sentir o que Caim sentiu sem fazer o que ele fez. A ira não é um pecado, mas pode conduzir ao pecado. Talvez sua ira não o leve a derramar sangue, mas ela não o deixa sensível, irritável, pronto a exaltar-se, pronto para ofender? Você perde o controle? Esses termos não são meus. São de Paulo. Segundo o apóstolo, o amor *não*:

> "se irrita" (RC/BEP),
> "fica irritado" (NTLH),
> "se exaspera" (RA),
> "se enfurece com facilidade" (NVI).
> "perde o controle" (MSG).
> O amor também *não é*:
> "sensível"(TLB),
> "irritável" (NLT),
> "pronto a exaltar-se" (CEV),
> "pronto para ofender-se" (NEB).

Caim era tudo isso e mais ainda. Mas por quê? Por que "seu pavio era curto"? Novamente o texto em Gênesis 4.4,5 nos dá a resposta: O Senhor "atentou para Abel e para a sua oferta" (*aceitou Abel e sua oferta*). "Mas para Caim e para a sua oferta não atentou" (*rejeitou-os*). "E *irou-se* Caim fortemente, e descaiu-lhe o seu semblante" (*sentiu-se rejeitado*).

Interessante. Esta é a primeira aparição da ira na Bíblia. Ela aparecerá aproximadamente mais quatrocentas vezes entre este ponto e os mapas que encontram-se no final de sua Bíblia; mas esta é a primeira vez. Ele puxa o freio de mão e sai do carro, e veja quem está sentada no banco da frente a seu lado — a rejeição. A ira e a rejeição estão presentes na mesma sentença.

Esta não é a única vez que esse par é encontrado nas Escrituras. A ira chamusca várias páginas. E mais de uma vez a rejeição provoca incêndios criminosos.

Os filhos de Jacó foram rejeitados por seu pai. Ele mimava José e negligenciava os demais. O resultado? Os irmãos de José iraram-se contra ele. "Vendo, pois, seus irmãos que seu pai o amava mais do que a todos os seus irmãos, aborreceram-no e não podiam falar com ele pacificamente" (Gn 37.4).

Saul foi rejeitado por seu povo. Ao escolher seus heróis, o povo escolheu o ruivo Davi em lugar do rei nomeado. O resultado? Saul foi rejeitado. "As mulheres, tangendo, respondiam umas às outras e diziam: 'Saul feriu os seus milhares, porém Davi, os seus dez milhares'. Então, Saul se indignou muito" (1 Sm 18.7,8).

A obra de Davi foi rejeitada por Deus. Seu plano de transportar a arca da aliança em uma carroça não agradou ao Pai. E quando Uzá tocou onde não deveria ter tocado, "Deus o feriu ali por esta imprudência; e morreu ali junto à arca de Deus" (2 Sm 6.7). Antes de Davi temer, irou-se: "E Davi se contristou (*irou-se*), porque o Senhor abrira rotura em Uzá" (2 Sm 6.8).

E Jonas. Este homem tinha um problema do tamanho de uma baleia irada (desculpe, não pude resistir!). Ele não considerava que os ninivitas fossem dignos de misericórdia, mas Deus sim. Perdoando-os, Deus rejeitou a opinião de Jonas. E como Jonas se sentiu devido à rejeição? "Com isso, desgostou-se Jonas extremamente e ficou irado" (Jn 4.1).

Não pretendo simplificar excessivamente uma emoção que é complexa. A ira pode ter muitas causas: impaciência, expectativas frustradas, estresse, árbitros que não conseguem ver um passe errado nem que esteja pintado na porta de sua garagem — ooops! desculpe, uma lembrança de um jogo de futebol de colégio. O fogo da ira tem muita lenha, mas, de acordo com os relatos bíblicos, o pedaço mais espesso e mais quente é o da rejeição.

Um estranho encontro permitiu-me experimentar a fórmula em primeira mão. Estava acompanhando minha mulher e minhas filhas às compras. Assim é a vida de um pai com três filhas. Como eu mesmo não sou um comprador ávido, minha tendência é passar o tempo com um livro. Entramos em uma loja, elas procuram as liquidações e eu procuro uma cadeira (uma dica para os varejistas: algumas poltronas reclináveis poderiam aumentar o volume de vendas). Entretanto, essa loja em especial não tinha uma cadeira. Era uma cara e elitista loja de bolsas que suponho que você jamais iria querer sentar-se na presença das suas criações. Então encontrei um canto, sentei-me no chão e entrei no mundo da ficção.

— Hã-hã.

Levantando os olhos, vi um par de sapatos de salto alto e bico pontudo.

— Hã-hã.

Ao olhar para cima, vi uma funcionária com o cabelo preso em cima da cabeça com um coque e que usava óculos de armação negra e espessa.

— Não se sente no chão — disse.

Pensei que estivesse com pena de mim. — Não me importo. Além disso, não consegui encontrar uma cadeira.

Sua resposta soou como a de uma ofendida professora de terceiro ano. — *Não é permitido* sentar no chão.

Não se pode sentar no chão? Não é como se ela dissesse: "Não é permitido arrancar o seu dente siso"? Se eu tivesse outra opção, não teria me sentado no chão. — Eu não encontrei uma cadeira — disse a ela.

— Nós não temos cadeiras — respondeu ela, esfriando a sala com sua frieza.

— Mas só quero me sentar — disse, começando a sentir um aperto na garganta.

— Não queremos que as pessoas se sentem — retrucou a mulher.

Minha matemática estava ruim. A conta estava errada. Eu entro na loja com quatro mulheres que têm uma fraqueza por bolsas insignificantes com nomes estrangeiros; não deveriam ter me oferecido um refrigerante e uma massagem? "Está bem, eu me levanto. Ficarei lá fora". Oh, Max, o cara durão.

Encostei-me na parede encolerizado.

Bem, e por que estava irado? O que ativou minha frustração? No grande esquema das coisas, o evento não moveria uma agulha sísmica. Então, o que me incomodou? Reduzo a causa a uma única palavra. *Rejeição*. A vendedora me rejeitou. Ela não me aceitou.

Multiplique essa emoção por um zilhão para entender a ira de um adolescente abandonado ou de um cônjuge divorciado. Eu nem sequer conhecia esta funcionária, e fiquei irado. O que acontece quando você sente a mesma coisa em relação a seu chefe, a seus amigos, ou a seu professor?

Fere. E por ferir, você ferve. Grosseria, desprezo, nomes feios, bater de portas, o sangue ferve. A ira é o seu mecanismo de defesa.

Imagine um adolescente recebendo uma repreensão. Seu pai está fazendo a lista: tira notas baixas, chega tarde à noite, deixa o quarto desarrumado. Cada acusação é como um empurrão no peito do garoto. Cada vez mais até ele perceber uma garganta como o *Grand Canyon* entre ele e o seu pai. Sua reação inicial é o silêncio e a vergonha. Ele se encolhe mais e mais. Mas em algum ponto uma linha é cruzada, e começa a funcionar uma técnica inata de sobrevivência, e o jovem ataca: "Chega!" Ele se levanta e explode.

E o que você me diz do imigrante hispânico na cidadezinha inglesa? Quantas vezes um homem pode ser ridicularizado por seu sotaque, escarnecido por causa de seu nome e desprezado pela cor da sua pele antes que decida golpear alguém?

Considere o caso da mulher de um marido insensível. Todas as mulheres do seu escritório receberam um cartão ou flores no dia dos namorados. Ela continuava pensando que algum rapaz do serviço de entregas pararia diante de sua mesa, mas isto não aconteceu. Voltou para casa pensando. *Certamente haverá alguma coisa em cima da mesa.*

A mesa estava vazia. O telefone tocou. Era ele. Ele chegaria tarde para o jantar. Nenhuma palavra sobre o dia dos namorados. Ele se esqueceu. Como pôde esquecer-se? Quando isso ocorreu no ano passado, ela ficou triste. Quando fez algo parecido no Natal, ela se magoou. Mas quando se esqueceu do aniversário de casamento, ela começou a ficar irritada. E agora isto? Suas lágrimas são quentes. A rejeição leva à ira.

E se a rejeição das pessoas nos causa ira, o que dizer quando nos sentimos rejeitados por Deus? Caso número 1? Caim.

A história está incompleta e não temos informação suficiente, mas sabemos o bastante para recriar a cena do crime. Caim e Abel vão adorar a Deus, talvez à mesma hora. Cada um traz uma oferta. Como sabiam que deveriam fazê-lo? Deus lhes tinha dito. Hebreus 11.4 diz: "Pela fé, Abel ofereceu a Deus maior sacrifício do que Caim". De onde vem a fé? "A fé é pelo ouvir" (Rm 10.17). Caim e Abel tinham ouvido as instruções de Deus. E quando Abel trouxe as melhores partes de um primogênito do seu rebanho, ele o fez em obediência àquilo que tinha ouvido.

E quando Caim trouxe "alguns frutos" da terra, estava expressando a sua desobediência. Certamente Caim e Abel tinham ouvido a mesma instrução. Se não fosse assim, Deus o teria responsabilizado? Caim sabia o que Abel sabia. Sabia que o perdão dos pecados vinha através do derramamento de sangue (Hb 9.22). Mas ainda assim ficou irado por Deus ter devolvido seu sacrifício intacto. Deus o advertiu para que tivesse cuidado.

Deus perguntou a Caim: "Por que te iraste? E por que descaiu o teu semblante? Se bem fizeres, não haverá aceitação para ti? E, se não fizeres bem, o pecado jaz à porta, e para ti será o seu desejo, e sobre ele dominarás". Até este momento, Caim não havia pecado. Uma dose de humildade e teria sido bem-sucedido. Mas Caim tinha outros planos.

"E falou Caim com o seu irmão Abel; e sucedeu que, estando eles no campo, se levantou Caim contra o seu irmão Abel e o matou" (Gn 4.3-8).

Caim desistiu. Desistiu de Deus. Desistiu de sua capacidade de agradá-lo. E vingou-se em Abel. Caim teria se identificado com o frustrado relato do esforçado missionário que escreveu as seguintes palavras:

> As exigências de Deus sobre mim eram tão altas, e sua opinião sobre mim era tão baixa, que não havia como eu pudesse viver exceto sob sua reprovação... Durante todo o dia Ele sussurrava para mim: "Por que você não ora mais? Por que não dá mais testemunhos? Quando irá aprender a autodisciplina? Como você se permite cair em tais maus pensamentos? Faça isto. Não faça aquilo"... Quando me dei conta, praticamente não havia uma palavra minha, ou um pensamento meu, ou uma decisão minha que realmente agradasse a Deus.[1]

Muitos escreveram cartas como esta. Se não com caneta e papel, pelo menos com pensamentos. Caim teria escrito: "Eu não consigo satisfazê-lo. Trabalho no campo e trago minha colheita. Dou o melhor de mim, e não é suficiente".

Outros teriam escrito:

"Por que Deus não ouve nossas orações?! Vamos à igreja, pagamos nossas contas, mas ainda assim o celeiro está vazio".

"Por que Deus não me dá um emprego? Não fiz nada de errado. Pessoas que o amaldiçoaram têm empregos. Eu o servi por todos esses anos e não consigo nem mesmo uma entrevista".

"O que tenho que fazer para ser perdoado? Tenho que passar o resto da minha vida pagando por um erro?"

Tais pensamentos podem fazê-lo perder a calma. Acender sua ira. Podem fazê-lo atacar as pessoas descuidadas como Abel, que não fazem sequer a metade do trabalho mas conseguem todas as bênçãos...

Pare por um segundo. Você conseguiu descobrir uma coisa? Conseguiu acender uma luz? Será que você, pela primeira vez, encontrou a fonte de sua ira? Será que sua amargura pode ser rastreada até a sua origem, chegando a um sentimento de rejeição divina? Se é assim (estou feliz por dizer-lhe isto), encontrando a causa você também encontrou a cura.

Quando realmente quero que uma pessoa me ouça, movo minha cadeira alguns centímetros em direção a esta pessoa, e diminuo o volume da minha voz. Se estamos tendo uma conversa sobre a sua ira, neste ponto começo a me movimentar; e direi a frase seguinte tão suavemente, que você terá que inclinar-se para frente a fim de conseguir ouvir-me. Então incline-se um pouquinho e escute este pensamento.

Se a rejeição causa a ira, a aceitação não seria a cura? Se a rejeição por parte do céu faz com que você sinta ira dos outros, a aceitação do céu não ativaria o seu amor por eles? Este é o Princípio 7.47. Lembra-se do versículo? "Aquele a quem pouco é perdoado pouco ama". Podemos substituir a palavra *perdoado* por *aceito* e manter a integridade desta passagem. "Aquele que é pouco *aceito* pouco ama". Se acharmos que Deus é cruel e injusto, imagine como trataremos as outras pessoas. Com crueldade e injustiça. Mas se descobrirmos que Deus nos imergiu em seu amor incondicional, isso não faria toda a diferença?

O apóstolo Paulo diria que sim! Isto nos fala de uma reviravolta. Ele, que era um homem briguento, foi transformado em um bichinho de pelúcia. O Paulo a.C. (antes de Cristo) transbordava ira. Ele "assolava a igreja" (At 8.3). O Paulo d.C. (depois de encontrar-se com Cristo) transbordava de amor. Poderia um maníaco alucinado ter escrito estas palavras?

Aos Coríntios: "Sempre dou graças ao meu Deus por vós" (1 Co 1.4).

Aos Filipenses: "Porque vos retenho em meu coração... Porque Deus me é testemunha das saudades que de todos vós tenho, em entranhável afeição de Jesus Cristo" (Fp 1.7,8).

Aos Efésios: "Não cesso de dar graças a Deus por vós, lembrando-me de vós nas minhas orações" (Ef 1.16).

Aos Colossenses: "Graças damos a Deus, Pai de nosso Senhor Jesus Cristo, orando sempre por vós" (Cl 1.3).

Aos Tessalonicenses: "Fomos brandos entre vós, como a ama que cria seus filhos" (1 Ts 2.7).

Seu coração transformou-se em um oceano de amor. Mas e os seus inimigos? Uma coisa é amar os companheiros de trabalho. Paulo amou aqueles que o perseguiam? "Em Cristo digo a verdade, não minto... Porque eu mesmo poderia desejar ser separado de Cristo, por amor de meus irmãos" (Rm 9.1-3). Em cada ocasião em que precisava entrar nas suas sinagogas e ensinar, Paulo assim o fazia (At 13.4,5; 14.1; 17.1,2,10). Seus acusadores o feriam, apedrejavam, prendiam, zombavam dele. Mas você consegue encontrar uma ocasião em que ele reagisse da mesma maneira? Um ataque temperamental? Uma súbita explosão de ira? *Este é um homem diferente*. Sua ira se foi. Sua paixão é forte. Sua devoção é inquestionável. Mas e as explosões de ira? Coisas do passado.

O que fez a diferença? Ele encontrou a Cristo. Ou, usando suas palavras, estava escondido em Cristo; a sua vida estava "escondida com Cristo em Deus" (Cl 3.3).

A língua chinesa tem um grande símbolo para esta verdade. A palavra para *justiça* é uma combinação de dois desenhos. Na parte superior há um cordeiro. Na parte inferior, uma pessoa. O cordeiro abriga a pessoa.[2] Não é essa a essência da justiça? Cristo, o Cordeiro, abrigando os filhos de Deus? Quando o Pai olha para você, abaixo dele, o que vê? Ele vê seu Filho, o perfeito Cordeiro de Deus, abrigando-o. Os cristãos são como seu ancestral Abel. Vamos a Deus graças ao valor do Cordeiro. Caim apresentou-se trazendo o trabalho de suas próprias mãos. Deus o rejeitou. Tanto Abel como nós viemos na dependência do sacrifício do Cordeiro, e fomos aceitos. Como o símbolo chinês, somos protegidos pelo Cordeiro, estamos escondidos em Cristo.

Quando Deus olha para você, Ele não vê você; Ele vê Jesus. E como Ele reage quando vê Jesus? Ele abre os céus e estremece a terra com um brado: "Tu és o meu Filho amado, em quem me comprazo" (Mc 1.11).

O missionário frustrado estava errado. Não vivemos sob a reprovação de Deus. Abrimos um sorriso alegre de orelha a orelha. "O Senhor, teu Deus, está no meio de ti, poderoso para te salvar; ele se deleitará em ti com alegria; calar-se-á por seu amor, regozijar-se-á em ti com júbilo" (Sf 3.17).

Deus lhe aceitou por meio de Cristo. Pense no que isso significa. Estou indo em sua direção e falando baixinho outra vez: *Não é possível evitar que as pessoas lhe rejeitem. Mas é possível evitar que a rejeição leve você à ira.*

As rejeições são como solavancos na estrada. Fazem parte da viagem. O mundo está repleto de ambulantes vendendo bolsas cafonas. Você será ferido, ignorado, lançado fora e chutado por aí. Não é possível evitar que as pessoas lhe rejeitem. Mas é possível evitar que a rejeição leve você à ira. Como? Deixando que a aceitação que você tem por parte do Senhor compense a rejeição dos demais.

Pense dessa forma. Imagine que você vive em um apartamento localizado em um andar alto. No peitoril da janela de seu quarto há uma margarida solitária. Nesta manhã você apanha essa margarida e a coloca em sua lapela. Como você só tem uma planta, este é um acontecimento importante e uma margarida especial.

Mas assim que você sair pela porta, as pessoas começarão a arrancar pétalas de sua margarida. Alguém rouba o seu assento no metrô. Uma pétala arrancada. Você leva a culpa pelo mau relatório de um colega de trabalho. Mais três pétalas. A promoção é dada a alguém menos experiente, porém com aparência de jogador de pólo aquático. Mais pétalas. No final do dia você está reduzido a uma pétala. Ai daquele que ousar chegar perto dela. Há somente uma pétala separando você de uma explosão.

Vamos mudar ligeiramente o cenário? Adicionemos um personagem. O bom homem do apartamento ao lado tem uma loja de flores na esquina. Todas as noites, ao voltar para casa, ele pára em seu imóvel e deixa um buquê imerecido, mas irresistível. Não são flores que sobraram. São arranjos de alta qualidade. Você nem sabe por que ele lhe tem em tão grande consideração, mas você não está reclamando. Por causa dele, seu apartamento tem um aroma doce, e seus passos têm uma alegre vivacidade. Se alguém mexer com a sua flor, você tem uma cesta cheia para substituí-la!

A diferença é imensa. E a interpretação é óbvia.

Deus encherá o seu mundo com flores. Entregará pessoalmente um buquê à sua porta todos os dias. Abra-a! Pegue-o! Assim, quando a rejeição vier, você não ficará sem pétalas.

Deus pode ajudá-lo a livrar-se da ira. Ele fez galáxias que ninguém nunca viu, e profundos abismos que ainda estão por ser descobertos. "O Senhor... sara todas as tuas enfermidades" (Sl 103.2, 3). Você acha, que entre essas doenças pode estar a aflição da ira?

Você acha que Deus pode curar o seu coração irado?

Você quer que Ele o faça? Esta não é uma pergunta traiçoeira. Ele lhe pergunta o mesmo que perguntou ao paralítico: "Queres ficar são?" (Jo 5.6). Nem todos querem. Você pode ser viciado em ira. Você pode ser intensamente viciado. A ira pode ser parte de sua identidade. Mas se quiser que Ele o faça, Ele poderá alterar a sua identidade. Você quer que Ele o faça?

Você tem uma idéia melhor? Como, por exemplo, mudar-se para uma zona livre de rejeição? Se este for o caso, aproveite sua vida em sua ilha deserta.

Apanhe as flores. Receba-as dele, para que possa amar ou ao menos suportar os outros.

Faça o que T. D. Terry fez. Há muitos anos um trabalho estressante ativava nele surtos diários de ira. Sua filha, depois de ouvi-lo comentar isso muitos anos mais tarde, respondeu com surpresa: — Não me lembro de nenhum momento de ira durante aqueles anos.

Ele perguntou se ela se lembrava da árvore — aquela que ficava perto da entrada para o carro, a meio caminho entre o portão e a casa. — Lembra-se como ela costumava ser alta? Então foi perdendo alguns galhos? E depois de algum tempo não era nada mais que um toco?

Ela se lembrava.

— Pois era eu — T. D. explicou. — Descontava a minha ira na árvore. Chutava-a. Dava machadadas nela. Cortava os galhos. Não queria chegar em casa louco de raiva, então deixava minha ira na árvore.[3]

Façamos o mesmo. Na verdade, vamos dar um pouco além. Ao invés de descontar nossa ira na árvore do jardim, levemo-la ao madeiro que está na colina. Deixemos nossa ira no madeiro do Calvário. Quando os outros o rejeitarem, permita que Deus o aceite. Ele não tem a face franzida. Não está irado. Alegra-se a seu respeito e canta. Beba um grande gole de seu ilimitado amor, e tranqüilize-se.

CAPÍTULO NOVE

O Coração Repleto de Feridas

O amor... não guarda mágoas.
1 Coríntios 13.4,5
(tradução livre do inglês)

Os pensamentos de hoje serão as ações de amanhã.

O ciúme de hoje será o ataque temperamental de amanhã.

A intolerância de hoje será o crime odioso de amanhã.

A ira de hoje será a brutalidade de amanhã.

A luxúria de hoje será o adultério de amanhã.

A cobiça de hoje será a fraude de amanhã.

A culpa de hoje será o medo de amanhã.

O *Pelicano* é o navio mais indesejado do mundo. Desde 1986 ele tem sido o vagabundo dos mares. Ninguém o quer. O Sri Lanka não o quer. As Bermudas não o querem. A República Dominicana o expulsou. A mesma coisa fizeram a Holanda, as Antilhas e Honduras.

O problema não é o navio. Embora enferrujado e inoportuno, o cargueiro de 466 pés apresenta boas condições de navegação.

O problema não é a propriedade do navio. Os proprietários atualizaram a licença e as taxas foram pagas.

O problema não é a tripulação. Eles podem sentir-se indesejados, mas não são ineficientes.

Então, qual é o problema? Qual é a causa para anos de rejeição? Recusado no Sri Lanka. Expulso da Indonésia. Rejeitado no Haiti. Por que o *Pelicano* é o navio mais indesejado do mundo?

É simples. Ele está cheio de lixo. Quinze mil toneladas de lixo. Cascas de laranja. Garrafas de cerveja. Jornais. Restos de cachorros-quentes. Lixo. O lixo do longo verão da Filadélfia em 1986. Foi quando os trabalhadores municipais fizeram uma greve. Foi quando o lixo cresceu mais e mais. Foi quando o estado da Geórgia o recusou e Nova Jersey não o quis. Ninguém quis o lixo da Filadélfia.

Foi assim que o *Pelicano* entrou em cena. Os proprietários pensaram que ganhariam um dinheiro fácil com o transporte do lixo. O material foi queimado e o navio foi carregado com as cinzas. Mas ninguém as quer. No início, o problema era sua grande quantidade. No final, era um lixo muito antigo. Quem vai querer lixo potencialmente tóxico?[1]

A situação do *Pelicano* é uma prova. Navios cheios de lixo encontram poucos amigos. A situação do *Pelicano* é também uma parábola. Corações cheios de lixo não têm melhor sorte.

Imagino que alguém pode se comparar ao *Pelicano*. Será que você também é rejeitado no cais? Será que está navegando para longe dos seus amigos e da sua família? Se for assim, você deve verificar a bagagem que está em seu coração. Quem vai querer oferecer espaço no cais para um coração que cheira mal?

A vida tem seu próprio modo de descarregar o seu lixo no convés de nosso navio. O seu marido trabalha muito. A sua esposa reclama muito. O seu chefe exige muito. Os seus filhos choramingam muito. O resultado? Lixo. Cargas e mais cargas de ira. Culpa. Pessimismo. Amargura. Intolerância. Ansiedade. Decepção. Impaciência. Tudo isso vai se acumulando.

O lixo nos afeta. Contamina nossos relacionamentos. Assim foi com Caim. Teve ira em sua mente antes de ter sangue em suas mãos. E Marta? Marta apresentou uma atitude intrometida, antes de mostrar-se contenciosa com a sua língua. E o que dizer dos fariseus? Eles mataram a Cristo em seus corações antes de assassiná-lo na cruz.

Tome nota: Os pensamentos de hoje serão as ações de amanhã.

O ciúme de hoje será o ataque temperamental de amanhã.

A intolerância de hoje será o crime odioso de amanhã.

A ira de hoje será a brutalidade de amanhã.

A luxúria de hoje será o adultério de amanhã.

A cobiça de hoje será a fraude de amanhã.

A culpa de hoje será o medo de amanhã.

Os pensamentos de hoje são as ações de amanhã. Será que é por isso que Paulo escreve "O amor... não guarda mágoas" (1 Co 13.5)? Mantenha o lixo a bordo, e as pessoas sentirão o seu mau cheiro. Os problemas do *Pelicano* começaram com o primeiro carregamento. A tripulação deveria tê-lo rejeitado desde o início. A vida de todos a bordo teria sido muito mais fácil se não tivessem permitido que o lixo se acumulasse.

A vida será melhor para você se fizer o mesmo.

Algumas pessoas não sabem que temos uma opção. Ouvindo a nossa maneira de falar, você poderia pensar que somos as vítimas dos nossos pensamentos. "Não fale comigo", dizemos, "estou de mau humor". Como se o humor fosse um lugar ao qual somos enviados ("Não posso telefonar para você. Estou na Bósnia!") e não uma emoção a que damos lugar.

Ou também dizemos: "Não mexa com ela. Ela está *sem* disposição". Disposição é algo que "temos"? Como um resfriado ou uma gripe? Somos as vítimas da bactéria emocional da estação? Ou será que temos uma escolha?

Paulo diz que devemos "levar cativo todo entendimento à obediência de Cristo" (2 Co 10.5).

Você está ouvindo algum jargão de batalha nesta passagem de "levar cativo todo entendimento", ou "fazer com que se renda", "à obediência de Cristo"? Ficamos com a impressão de que somos soldados e que os pensamentos são nossos inimigos. Nossa missão é proteger o navio e impedir a entrada de pensamentos impuros. No momento em que estes aparecerem no cais, devemos entrar em ação. "Este coração pertence a Deus", declaramos, "e vocês não vão subir a bordo".

Egoísmo, pode ir voltando! Inveja, vá embora! Encontre outro navio. Ira! Você não será admitida neste navio! Aprisionar pensamentos é um assunto sério.

Foi assim com Jesus. Lembra-se dos pensamentos que cruzaram seu caminho graças à cortesia da boca de Pedro? Jesus tinha acabado de profetizar sua morte, sepultamento e ressurreição, mas Pedro não conseguia suportar tais pensamentos. "E Pedro, tomando-o de parte, começou a repreendê-lo... Ele, porém, voltando-se, disse a Pedro: Para trás de mim, Satanás, que me serves de escândalo; porque não compreendes as coisas que são de Deus, mas só as que são dos homens" (Mt 16.22,23).

Você percebe a determinação de Jesus? Um pensamento impuro, "um lixo", cruza seu caminho. Ele é tentado a aceitá-lo. Uma vida sem a cruz seria agradável. Mas o que Ele faz? Levanta-se na prancha do convés e diz: "Para trás de mim". Como se dissesse "você não tem permissão para entrar em minha mente".

E se você fizesse isso? E se você aprisionasse cada pensamento? E se impedisse que qualquer lixo entrasse em sua mente? E se seguisse o conselho de Salomão: "Tenha cuidado com o que você pensa, pois a sua vida é dirigida pelos seus pensamentos", ou ainda: "Sobre tudo o que se deve guardar, guarda o teu coração, porque dele procedem as saídas da vida" (Pv 4.23).

Você está se dirigindo ao trabalho quando as palavras de um colega lhe vêm à mente. Ele o criticou em relação ao seu desempenho. Criticou sua eficiência. "Por que esta pessoa me persegue?" Você se põe a pensar. *Eu não mereço nada disso. Quem é ele para me criticar? Além do mais, ele é tão bom como um bolo de arroz. Já viram os sapatos que ele usa?*

A esta altura você precisa fazer uma escolha. *Será que devo levar estas ofensas em consideração, fazendo uma lista delas?* Você é livre para agir deste modo. No cais está a auto-comiseração com as suas sete irmãs. Elas querem subir a bordo. Você vai deixar? Se deixar, estará tão mal-cheiroso quanto o *Pelicano* quando chegar ao escritório.

Mas você pode fazer outra coisa. Pode aprisionar esses pensamentos. Pode desafiar este ofensor. Cite um versículo se precisar: "Abençoai aos que vos perseguem; abençoai e não amaldiçoeis" (Rm 12.14).

Pense em outra situação. Você está tão irado com seus pais que não consegue dormir. Você quer dormir, mas o telefonema desta tarde não permite. Como sempre, tudo o que fizeram foi criticar. Nada de elogios. Nada de aplausos. Só cutucar, cutucar, cutucar. Por que você não está casado? Quando você vem para casa? Por que você não tem um bom emprego, como seu primo Homer lá no banco? Grrr. Você está vendo aquele sujeito ao pé da prancha? Aquele que está usando uma roupa escura? Ele é um juiz da corte de atitudes críticas. É um juiz mental. Deixe que venha a bordo, e vocês dois poderão passar a noite falando sobre veredictos de condenação. Você pode colocar em ordem alfabética e codificar todos os erros dos seus pais. Você vai deixar que ele suba a bordo? Fazer isso é correr um grande risco, meu amigo. Pela manhã você estará cheirando tão mal quanto um aterro sanitário.

Lembre-se, só porque existe lixo no cais, não quer dizer que deve haver lixo em seu navio. Você não é uma vítima dos seus pensamentos. Você tem voto. Tem voz ativa. Você pode prevenir. Também pode permitir.

Como você poderia mudar a situação do *Pelicano*? Mudando o seu carregamento. Encha o seu convés e os seus depósitos com flores ao invés de lixo, com presentes ao invés de cinzas, e ninguém recusará o navio. Mude o carregamento e você mudará o navio.

Da mesma forma, mude os pensamentos e você mudará a pessoa. Se os pensamentos de hoje são as ações de amanhã, o que acontecerá se enchermos nossas mentes com pensamentos sobre o amor de Deus? Permanecer debaixo da chuva da sua graça mudará a maneira como nos sentimos em relação aos outros?

Paulo diz que sim! Não basta conservar as coisas más do lado de fora. Temos que permitir a entrada das coisas boas. Não fazer uma lista do que está errado é insuficiente. Temos que cultivar uma lista de bênçãos. O verbo que Paulo usa com o sentido de *guardar* tem o mesmo sentido do verbo *pensar* em Filipenses 4.8: "Quanto ao mais, irmãos, tudo o que é verdadeiro, tudo o que é honesto, tudo o que é justo, tudo o que é puro, tudo o que é amável, tudo o que é de boa fama, se há alguma virtude, e se há algum louvor, nisso *pensai*". *Pensar* nos dá a idéia de ponderar — estudar e enfocar, permitindo que aquilo que é visto tenha um impacto sobre a nossa vida.

Em vez de guardar o que é amargo, guarde o que é doce.

Você quer fazer uma lista? Então liste as misericórdias do Senhor. Liste quantas vezes Deus lhe perdoou. Coloque-se diante de seu Salvador crucificado, "pés com pés e face a face", e ore: "Jesus, se podes me perdoar por tê-lo ferido, então eu posso perdoá-los por terem me ferido". Você não merecia ser ferido por eles. Mas também não merecia ser perdoado pelo Senhor.

Mas, Max, sou uma pessoa decente. Nunca fiz nada para ferir a Cristo. Tenha cuidado agora. Essa opinião pode levar a problemas. Você realmente pensa que não fez nada que ferisse a Cristo?

Alguma vez você foi desonesto com seu dinheiro? Isso é trapaça.

Alguma vez o seu amor por algo carnal ou pela fama lhe afastou dEle? Isso é adultério.

Alguma vez você falou uma palavra irada com a intenção de ferir? No júri do céu, você seria condenado por tentativa de agressão.

Alguma vez você se calou quando zombavam dEle? Não poderíamos chamar isso de traição?

Alguma vez você foi à igreja para ser visto e não para vê-lo? Isto é hipocrisia.

Alguma vez quebrou uma promessa feita a Deus? Uau. Fraude. Isso é sério.

Precisamos ir mais adiante? Só seis perguntas e alguns centímetros de papel, e olhe para si mesmo. Culpado de desonestidade, adultério, agressão, traição, hipocrisia e fraude. Uma verdadeira lista de acusação. Não merecia ser punido? No entanto, aqui está você. Lendo este livro.

Respirando. Ainda testemunhando crepúsculos e ouvindo os murmúrios de bebês. Ainda vendo a mudança das estações do ano. Não há chicotadas em suas costas nem ganchos em seu nariz nem correntes em seus pés. Aparentemente Deus não levou em consideração a lista das coisas erradas que você fez. Davi aparentemente sabia o que dizia: "[Deus] não nos tratou segundo os nossos pecados, nem nos retribuiu segundo as nossas iniqüidades" (Sl 103.10). E Ele quis dizer isso quando orou: "Se tu, Senhor, observares as iniqüidades, Senhor, quem subsistirá?" (Sl 130.3).

Ouça. O perdão não foi simplesmente borrifado sobre a sua vida. Você não foi salpicado com a graça. Você não foi coberto com partículas de bondade. Foi imerso nela. Foi submerso em misericórdia. Você é um peixe no oceano da misericórdia de Deus. Deixe que isso modifique sua vida! Será que o amor de Deus não faria por você o mesmo que fez pela mulher em Samaria?

Estamos falando de uma mulher cujos pecados poderiam preencher uma lista completa. Número um, discriminação. Ela é uma samaritana, odiada pelos judeus. Número dois, preconceito sexual. Ela é uma mulher, assim, era considerada inferior aos homens. Três, ela é divorciada, não uma vez, nem duas. Vejamos se conseguimos contar. Quatro? Cinco? Cinco casamentos fracassados e agora está dividindo a cama com um homem que não lhe dará uma aliança.

Ao somar tudo isso, vejo uma freqüentadora de bares na "happy hour", que não vive lá muito bem com seu companheiro. A voz rouca, o hálito de fumante, e um vestido baixo na parte de cima e alto na parte de baixo. Certamente não era a mulher mais respeitável de Samaria. Com certeza era uma mulher a quem você jamais encarregaria de ministrar o estudo bíblico da escola dominical para as moças em sua igreja.

Isto torna a ação de Jesus ainda mais surpreendente. Ele não apenas a encarrega da aula, como também a encarrega de evangelizar toda a cidade. Antes de terminar o dia, toda a cidade ouve falar de um homem que reivindica ser Deus. "[Ele] disse-me tudo quanto tenho feito" (Jo 4.39), ela lhes diz, porém deixa de dizer o óbvio: "... e assim mesmo me amou".

Um pouco de chuva pode endireitar o caule de uma flor. Um pouco de amor pode mudar uma vida. Quem conhece a última vez em que algo foi confiado a esta mulher, algo muito menor que a maior notícia da história!? Na verdade, pense naquilo que não foi dito em João 4, e descobrirá algo impressionante. Ela foi uma missionária de Jesus! Ela precedeu os mais famosos. A linhagem de Pedro e Paulo pode ser rastreada no passado até chegar a uma prostituta que estava tão admirada com Cristo, que não podia deixar de falar.

Outro *Pelicano* desinfetado para sempre. Por quê?

Não apenas pelo que Jesus fez, embora tenha sido algo grandioso. Mas porque ela permitiu que Ele o fizesse. Ela permitiu que Ele subisse a bordo. Permitiu que Ele a amasse. Permitiu que Ele mudasse a sua carga. Ele a encontrou cheia de lixo e a deixou cheia de graça. Ela, Zaqueu, o apóstolo Paulo, a mulher em Cafarnaum e milhões de outras pessoas convidaram-no a entrar "no porão de carga de seu navio", no fundo de seu coração.

Ela não precisava fazê-lo.

Eles não precisavam fazê-lo.

E você não precisa fazê-lo.

Você realmente não precisa fazê-lo.

Pode ficar com as suas longas listas e com sua carga mal-cheirosa. E vagar de porto em porto.

Mas por que o faria? Deixe os altos mares para o *Pelicano*.

Seu Capitão tem planos melhores para você.

CAPÍTULO DEZ

O Teste do Amor

O amor... não se alegra com a injustiça, mas regozija-se com a verdade
1 Coríntios 13.6 (ARA)

Não é bom saber que mesmo que não amemos com um amor perfeito, Ele o faz?

Correr não era parte dos meus planos quando me registrei no hotel. Estava escuro. Em Waco, Texas, ventava muito e fazia frio. O roteiro turístico era divertido, porém cansativo — era a terceira cidade em três dias. Estava feliz de poder ir para a cama. Uma boa noite de descanso mudou as coisas. Também contribuíram o sol brilhante e a manhã cálida. Amarrei os meus tênis, fiz um aceno para a recepcionista e saí pela vizinhança.

Correr por cidades não familiares pode ser complicado. Certa vez passei três horas conhecendo partes de Fresno que a maioria dos habitantes daquele lugar nunca viu. Assim, para não me perder de novo, permaneci em uma única rua. Corri para um dos lados. Depois corri de volta.

A volta para o hotel pareceu-me mais demorada, mas atribuí isso à falta de boa forma. Quando entrei no saguão do hotel, notei um bufê de café da manhã. Um desses gratuitos onde você faz a sua própria torrada e prepara sua própria tigela de cereais. *Por mim, tudo bem*, pensei, imaginando como não tinha notado a comida ao sair.

Peguei uma bandeja, comi e estava voltando ao bufê alguns minutos depois quando ouvi um casal de brasileiros conversando.

Durante cinco anos o Brasil foi o lar de minha família. Não pude resistir a uma boa conversa. — *Bom dia* — saudei o casal. Conversamos sobre o país, a economia. Contei-lhes a única piada em português que recordava. Eles me convidaram a sentar. — Deixem-me pegar mais café antes — respondi. Voltei e me sentei, não apenas com mais café, mas também com mais torradas.

Quando me levantei para sair, passei pela comida novamente e, acredite se quiser, ainda estava com fome. *Não tem problema*, pensei. Achei que estivesse compensando o que tinha perdido devido ao exercício físico. Então enchi uma tigela com cereais e decidi ir comer no meu quarto.

Passei pelo saguão, virei à direita no primeiro corredor, passei pela piscina coberta (humm, eu não tinha percebido a piscina na noite anterior), e parei na primeira porta à direita. Mas havia algo errado. Meu cartão eletrônico não abria a porta. Tentei outra vez. Sem sorte. Olhei o número na porta do quarto. *Espere um momento, este não é o meu quarto!*

Voltei por onde tinha vindo. Passei pela piscina (como não notei a piscina?). De volta pelo corredor. De volta ao saguão. De volta ao bufê do café da manhã. Sorri para a gerente. Com certeza ela está imaginando aonde vou com esse prato de cereais. Saí do hotel. Entrei no estacionamento. Olhei para o luminoso acima da entrada. *Este não é o meu hotel! Onde está o meu hotel?* Olhei para a direita. Depois para a esquerda. Ali estava! Ao lado. Bem, o que você acha? Correndo eu passei pelo meu hotel e entrei em outro. Que mais eu posso fazer a não ser dar de ombros e atravessar o estacionamento e ir ao meu quarto? (Trouxe a tigela de cereais comigo. Eles não a quereriam de volta).

Passei uma hora no hotel errado. Visitando o saguão. Conversando com os hóspedes. Comendo as torradas. Bebendo o café. Até mesmo cumprimentei a gerente pela decoração. Durante uma hora estive no hotel errado. E sabe o que mais?

Senti-me como se estivesse no lugar certo. Se você me perguntasse o que eu estava fazendo comendo uma refeição gratuita no hotel errado, teria encarado-o como se você estivesse usando roupas de hóquei na Amazônia. "Você está louco".

Nem sequer uma vez levantei a minha cabeça, enruguei a minha sobrancelha e pensei: *Este lugar parece esquisito*. Não parecia. *Senti-me* bem. Mas meus sentimentos estavam errados. Meu cartão eletrônico provou que estavam errados. O número do quarto provou que estavam errados. A gerente, se tivesse sido consultada, teria provado que estavam errados. Não importa o quanto senti como se estivesse no lugar certo, não estava E nenhuma montanha de sentimentos poderia mudar isso.

Pergunto-me se você alguma vez cometeu o mesmo engano. Não com um hotel, mas com o amor. Alguma vez você tomou decisões sobre relacionamentos baseando-se em seus sentimentos em vez de em fatos? Quando se trata do amor, os sentimentos mandam. As emoções guiam o barco. O medo domina. Mas deveria ser assim? Podemos confiar em nossos sentimentos? Pode um relacionamento parecer certo, mas estar errado? Estou vendo algumas cabeças acenando que sim.

Uma mãe solteira está acenando que sim.

Jovens universitários com o coração partido estão acenando que sim.

O sujeito que se apaixonou por uma mulher que poderia causar um engarrafamento está acenando que sim.

Os sentimentos podem nos confundir. Ontem conversei com uma adolescente que está desconcertada pela ausência de sentimentos em relação a um rapaz. Antes de começar o namoro, ela era louca por ele. No instante em que ele mostrou interesse por ela, simplesmente ela perdeu o interesse

Também estou pensando em uma jovem mãe. A maternidade não é tão romântica como ela previu. As fraldas e o aleitamento noturnos não são nada divertidos, e ela se sente culpada por isso. *Será que tenho pouco amor?* ela se pergunta.

Como você responde a essas perguntas? Alguma vez desejou ter uma maneira de medir a qualidade do seu afeto? Um exame de DNA para o amor? Paulo nos oferece um: O amor "não se alegra com a injustiça, mas regozija-se com a verdade" (1 Co 13.6, ARA). Nesse versículo está um teste para o amor.

Você quer separar o falso do real, a imitação do verdadeiro? Quer saber se o que sente é amor genuíno? Faça a si mesmo a seguinte pergunta:

Eu encorajo essa pessoa a fazer o que é certo? Pois o amor verdadeiro "não tem prazer nos pecados dos outros mas se alegra com a verdade", "não fica alegre quando alguém faz uma coisa errada, mas se alegra quando alguém faz o que é certo", ou ainda, "não se alegra com a injustiça, mas regozija-se com a verdade" (1 Co 13.6, ARA).

Por exemplo, uma senhora telefona para outra e diz: — Nós somos amigas, não é verdade?

— Sim, claro, somos amigas.

— Se o meu marido lhe perguntar, diz a ele que fomos juntas ao cinema hoje à noite?

— Mas nós não fomos.

— Eu sei disso, mas eu estava... bem, eu estava com outro homem e... ei, você vai fazer isso por mim, não vai? Somos amigas, não somos? Mais chegadas que irmãs, certo?

Será que essa pessoa passou no teste? De jeito nenhum. A chave do quarto não funciona. O amor não pede a alguém que faça o que é errado. Como sabemos disso? O amor "não se alegra com a injustiça, mas regozija-se com a verdade" (1 Co 13.6 ARA).

Se você estiver trazendo o mal às outras pessoas, preste atenção no alarme. Isso não é amor. E se outros estiverem trazendo o mal a você, esteja alerta. Verifique a chave do quarto.

Aqui vai outro exemplo. Um exemplo clássico. Um jovem casal tem um encontro. As demonstrações de afeto dele ultrapassam a zona de conforto para ela. Ela resiste. Mas ele tenta persuadi-la com a história mais velha do mundo: "Mas eu amo você. Eu só quero estar perto de você. Se você me ama...".

Você está ouvindo essa sirene? É o detector de amor falso. Esse rapaz não a ama. Ele pode amar ter relações sexuais com ela. Ele pode amar o corpo dela. Ele pode amar vangloriar-se para os seus colegas sobre sua conquista. Mas ele não a ama. O verdadeiro amor nunca pedirá que a "pessoa amada" faça o que ele ou ela julga ser errado.

O amor não destrói as convicções das outras pessoas. Faz exatamente o oposto.

"O amor edifica" (1 Co 8.1).

"Aquele que ama a seu irmão permanece na luz, e nele não há nenhum tropeço" (1 Jo 2.10).

"Ora, pecando assim contra os irmãos e ferindo a sua fraca consciência, pecais contra Cristo" (1 Co 8.12).

Você quer saber se seu amor por alguém é verdadeiro? Se a sua amizade é genuína? Verifique a chave do quarto. Pergunte-se: Influencio essa pessoa a fazer o que é certo?

Se você respondeu que sim, tome um pouco de café. Você está no hotel certo. Contudo, se quer ter certeza dobrada, faça a si mesmo uma segunda pergunta:

Aplaudo o que é certo? Pois o amor se regozija sempre que a verdade vence: "não se alegra com a injustiça, mas regozija-se com a verdade" (1 Co 13.6ARA). No verão, antes da oitava série, tive um amigo chamado Larry. Ele era novo na cidade, então eu o encorajei a tentar entrar para o nosso time de futebol da escola. Ele poderia conhecer alguns rapazes e, sendo um sujeito forte, poderia fazer parte do time. Ele concordou.

O resultado foi uma mistura de boas com más notícias. As boas notícias? Ele foi admitido. As más notícias? Ele conseguiu a minha posição. Fui rebaixado para o banco de reservas. Tentei ficar contente com isso, mas era difícil.

Algumas semanas antes da temporada, Larry caiu de uma motocicleta e quebrou um dedo. Lembro-me do dia em que ele ficou parado em frente à minha porta mostrando-me o dedo enfaixado. "Parece que você vai ter que jogar".

Tentei ficar triste por ele, mas era difícil. Foi mais fácil para Paulo escrever a seguinte passagem do que foi para mim colocá-la em prática: "Alegrai-vos com os que se alegram e chorai com os que choram" (Rm 12.15).

Você quer medir a profundidade de seu amor por alguém? Como você se sente quando essa pessoa tem sucesso? Se alegra? Ou sente inveja? E quando ele ou ela tropeça? Quando cai no infortúnio? Você realmente sente tristeza? Ou fica secretamente contente?

O amor nunca celebra o infortúnio. Nunca. Gosto da maneira como Eugene Peterson traduz a passagem: "O amor... não festeja quando os outros rastejam, [mas] se alegra com o florescer da verdade" (1 Co 13.6msg). J. B. Phillips é igualmente descritivo: "O amor... não... exulta sobre a maldade das outras pessoas. Ao contrário, ele compartilha a alegria daqueles que vivem pela verdade".

Você sabe que seu amor é verdadeiro quando chora com aqueles que choram e quando se alegra com aqueles que se alegram. Você sabe que seu amor é verdadeiro quando sente pelos demais o que Catherine Lawes sentiu pelos internos da prisão de Sing Sing. Quando seu marido, Lewis, tornou-se o diretor da prisão em 1921, ela era uma jovem mãe de três filhas. Todos a aconselharam a que nunca pusesse os pés naquele lugar. Mas ela não ouviu o que lhe diziam. Quando houve o primeiro jogo de basquete da prisão, ela compareceu com as três filhas e sentou-se junto com os internos na arquibancada.

Ela disse uma vez: "Meu marido e eu vamos cuidar desses homens, e acredito que eles cuidarão de mim! Não preciso me preocupar!"

Quando descobriu que um dos assassinos condenados era cego, ela lhe ensinou braile para que ele pudesse ler. Ao saber que alguns internos tinham problemas auditivos, ela estudou a linguagem dos sinais para que estes pudessem se comunicar. Durante dezesseis anos Catherine Lawes suavizou os corações endurecidos dos homens de Sing Sing. Em 1937 o mundo viu a diferença que o amor verdadeiro faz.

Os prisioneiros perceberam que havia algo errado quando Lewis Lawes não apareceu para trabalhar. Rapidamente se espalhou a notícia de que Catherine tinha morrido em um acidente de automóvel. No dia seguinte, o seu corpo estava sendo velado em sua casa, a mil e duzentos metros da prisão. Quando o diretor interino fez a sua ronda matinal, notou uma multidão reunida no portão principal. Todos os prisioneiros estavam pressionados contra a cerca. Os olhos cheios de lágrimas. Os rostos solenes. Ninguém falou ou moveu-se. Eles tinham vindo para estar o mais próximo possível da mulher que lhes tinha dado amor.

O diretor tomou uma decisão extraordinária. "Muito bem, homens, vocês podem ir. Apenas certifiquem-se de voltar à noite". Esses eram os piores criminosos da América. Assassinos. Ladrões. Eram homens a quem a nação condenou à prisão perpétua. Mas o diretor lhes abriu o portão, e caminharam sem escolta ou guardas até a casa de Catherine Lawes para prestar suas últimas homenagens. E no final todos, sem exceção, retornaram à prisão.[1]

O verdadeiro amor modifica as pessoas.

O amor de Deus não o transformou? Você não era cego como o prisioneiro? Você não conseguia ver além do túmulo. Não conseguia ver o seu objetivo na vida até que Ele o revelou. E também não conseguia ouvir. Oh, os seus ouvidos funcionavam, mas o seu coração não entendia. Você nunca tinha ouvido falar de tanto amor e bondade, e nunca teria ouvido falar disso, mas Deus falou em sua língua. E, acima de tudo, Ele o libertou. Você é livre! Livre para fugir. Livre para endurecer seu coração. Livre para escapar por ruazinhas laterais e esconder-se atrás de latas de lixo. Mas você não o faz. Ou, se o faz, sempre volta. Por quê?

Porque você nunca foi amado assim antes.

Deus passa no teste de 1 Coríntios 13.7. Ele quer o melhor para você? "Deus... a ninguém tenta" (Tg 1.13). Cada uma das ações do céu tem o seguinte objetivo: que você conheça a Deus. "De um só fez toda a geração dos homens para habitar sobre toda a face da terra, determinando os tempos já dantes ordenados e os limites da sua habitação, para que buscassem ao Senhor, se, porventura, tateando, o pudessem achar, ainda que não está longe de cada um de nós" (At 17.26,27).

Deus exulta quando você faz o que é certo? Com certeza. "O Senhor agrada-se [deleita-se] dos que o temem e dos que esperam na sua misericórdia [em seu inesgotável amor]" (Sl 147.11). Ele chora quando você chora? Claro! Ele é "O Pai das misericórdias e o Deus de toda consolação, que nos consola em toda a nossa tribulação" (2 Co 1.3,4).

Você quer saber o que é o amor? "Não em que nós tenhamos amado a Deus, mas em que ele nos amou e enviou seu Filho *para* propiciação pelos nossos pecados" (1 Jo 4.10).

Deus passa no teste. Bem, Ele deveria mesmo; Ele o criou.

Então, como ficamos? Talvez com um trio de lembretes. Quando se trata de amor:

Tenha cuidado. Certifique-se de estar no hotel certo. Antes de caminhar pelos corredores, dê uma boa olhada ao seu redor. Certifique-se de que esse é o lugar que Deus planejou para você. E, se suspeitar que não é, saia daí. Não queira forçar a situação para que o errado se torne o certo. Suponha que eu tivesse feito isso naquele hotel. Já pensou se eu tivesse exigido que a gerente trocasse a fechadura e o número na porta? Ainda assim estaria no lugar errado. Esteja atento.

E, até que o amor se torne ativo, permita que o amor de Deus seja suficiente para você. Há épocas em que Deus permite que sintamos a fragilidade do amor humano para que apreciemos a força do seu amor. Não fez isso com Davi? Saul o atacou. Mical, sua mulher, o traiu. Jônatas e Samuel eram amigos de Davi, mas não puderam segui-lo quando ele precisou fugir para o deserto. As circunstâncias e a traição fizeram com que Davi ficasse sozinho. Sozinho com Deus. E, como Davi veio a descobrir, Deus é suficiente. Davi escreveu estas palavras em um deserto: "Porque a tua benignidade [amor] é melhor do que a vida; os meus lábios te louvarão... A minha alma se fartará, como de tutano e de gordura; e a minha boca te louvará com alegres lábios" (Sl 63.3,5).

Seja uma pessoa de oração. E se for tarde demais? Especificamente, e se estiver casado ou casada com alguém a quem não ama ou que não o ama? Muitos decidem ir embora. Esse pode ser o passo que você decidirá dar. Mas se for assim, dê pelo menos uns mil outros passos antes. E cubra cada um desses passos com oração. O amor é um fruto do Espírito. Peça a Deus que o ajude a amar como Ele ama. "O amor de Deus está derramado em nosso coração pelo Espírito Santo que nos foi dado" (Rm 5.5).

Peça a todos os seus conhecidos que orem a seu favor. Seus amigos. Sua família. Os líderes de sua igreja. Coloque o seu nome em todas as listas de orações. E, acima de tudo, ore por seu cônjuge e, se possível, com ele. Peça que o mesmo Deus que ressuscita os mortos ressuscite as brasas do seu amor.

Seja grato. Seja grato por aqueles que o amam. Seja grato por aqueles que o encorajam a fazer o que é certo, e que o aplaudem por aquilo que você faz. Você tem pessoas assim no seu mundo? Se tem, você é duplamente abençoado. Seja grato por elas. E seja grato por seu Pai no céu. Ele passa no teste com facilidade.

Não é bom saber que mesmo que não amemos com um amor perfeito, Ele o faz? Deus sempre acalenta o que é certo. Ele sempre aplaude o que é certo. Nunca fez nada errado, nem levou alguém a fazer algo errado, ou se alegrou quando alguém fez algo errado. Porque Ele é amor, e o amor "não se alegra com a injustiça, mas regozija-se com a verdade" (1 Co 13.6 ARA).

CAPÍTULO

ONZE

O Amor É um Pacote Completo

O amor... tudo sofre, tudo crê,
tudo espera, tudo suporta.
1 Coríntios 13.4-7 (ARA)

Quanto tempo tenho que suportar vocês?

As ações de Jesus responderam à sua pergunta...

Até que o galo cante, o suor me machuque e se ouça o açoite

e uma montanha de demônios zombe de um Deus moribundo.

Quanto tempo? Tempo suficiente para que os pecados embebam minha

alma que jamais pecou,

Até que o céu fique horrorizado.

Até que os meus lábios inchados pronunciem a frase Final do acordo:

"Está consumado!"

Quanto tempo? Até que Eu seja morto.

Meus pais não eram muito bons em restaurantes. Em parte devido à pouca oferta deles em nossa pequena cidade. O *Dairy Queen* oferecia uma boa seleção de iguarias, e todos os outros lugares tinham qualidade inferior. A razão principal, entretanto, era a praticidade. Por que comer fora quando se pode comer em casa? As idas a restaurantes eram eventos domingueiros exclusivamente, e apenas uma ou duas vezes por mês. Engraçado, agora que sou pai, a filosofia é exatamente oposta a essa. Por que ficar em casa se você pode sair? (Assim que dizemos às nossas filhas que está na hora de comer, elas já vão para a garagem).

Mas quando eu estava crescendo, normalmente comíamos em casa. E todas as vezes que comíamos em casa, minha mãe dava a mim e ao meu irmão as mesmas instruções: "Coloque um pouquinho de tudo em seu prato".

Nunca foi necessário dizer-nos que deveríamos limpar o prato. O volume de comida não era um desafio. A variedade sim. Não me entendam mal. Mamãe era uma boa cozinheira. Mas quiabo cozido? Aspargos? Era difícil não engasgar; era muito ruim. Era realmente destinada ao consumo humano?

De acordo com mamãe, eles eram e — na opinião dela — tinham que ser comidos. "Comam um pouco de tudo". Essa era a lei em nossa casa.

Mas não era a lei na lanchonete. Em ocasiões especiais percorríamos de carro os quarenta e cinco minutos até a maior inovação culinária desde o fogão a gás: a fila da lanchonete. Ah, que momento maravilhoso era pegar a bandeja e deslizar ao longo das inúmeras opções. Uma verdadeira abundância da cozinha de excelente qualidade. Você caminha ao longo da fila, intoxicado pelas iguarias e livre para escolher. Sim para o peixe frito; não para os tomates fritos. Sim para a torta de nozes; não, não, mil vezes não à comida caseira que produzia engasgos. A fila da lanchonete era ótima!

Não seria ótimo se o amor fosse como a fila de uma lanchonete? Se você pudesse olhar para a pessoa com quem vive e selecionar o que quer e deixar de lado o que não quer? Se os pais pudessem fazer isso com os filhos? "Eu vou levar um prato de boas notas e sorrisos bonitos, e deixar a crise de identidade da adolescência e as mensalidades da escola".

E se os filhos pudessem fazer a mesma coisa com os seus pais? "Por favor, quero uma porção de mesadas e hospedagem grátis, mas nada de regras ou toque de recolher, obrigado".

E entre os cônjuges? "Vamos ver, quero um prato cheio de boa saúde e boas maneiras. Mas mudança de emprego, parentes e lavar roupa não fazem parte da minha dieta".

Não seria ótimo se o amor fosse como a fila de uma lanchonete? Seria mais fácil. Seria menos poluído. Seria indolor e tranqüilo. Mas sabe de uma coisa? Não seria amor. O amor não aceita apenas umas poucas coisas. O amor está disposto a aceitar todas as coisas.

> "O amor... tudo sofre, tudo crê, tudo espera, tudo suporta"
>
> (1 Co 13.4-7ARA).

O apóstolo está procurando uma fita para envolver um dos mais doces parágrafos das Escrituras. Imagino um santo de semblante sério fazendo uma pausa em seu ditado. "Deixe-me pensar por um momento". Contando nos dedos, ele revê sua lista. "Vamos ver, paciência, bondade, inveja, arrogância. Já falamos de grosseria, egoísmo, e também ira, perdão, maldade e verdade. Já falei de tudo? Ah, é isso mesmo — todas as coisas! Aqui, escreva isso. O amor "tudo sofre, tudo crê, tudo espera, tudo suporta".

Paulo nunca foi tão grande artista com as palavras, como o foi quando escreveu essa frase. Ouça o seu ritmo como foi originalmente escrita: *panta stegei, panta pisteuei, panta elpigei, panta upomenei*. (Agora quando as pessoas perguntarem o que você está fazendo, você pode dizer "Estou lendo alguma coisa em grego". Diga isso humildemente, no entanto, pois o amor não ostenta). Você observou o uso quadruplicado da palavra *panta*?

Expansões da palavra *panta* aparecem nos dicionários. O *Panteísmo* é a crença de que Deus está em todas as coisas. *Panacéia* é um remédio para todos os males. E *panóplia* é um arranjo de todas as coisas. *Panta* quer dizer "todas as coisas".

A visão que Deus tem do amor é como a visão que minha mãe tem da comida. Quando amamos alguém, levamos o pacote inteiro. Nada de bicar ou escolher. Nada de pegar grandes porções do bom e deixar o mal. O amor é um pacote completo.

Mas como podemos amar aqueles a quem julgamos difícil amar?

O apóstolo Paulo enfrentou a mesma questão. Na verdade, essa é a razão pela qual existe essa carta. A igreja que ele havia iniciado no sul da Grécia estava atravessando sérios problemas. Em se tratando de unidade, os membros da igreja de Corinto não se mostravam capazes de acertar o passo. O apóstolo mal tinha encostado a pena no pergaminho quando escreveu:

> Rogo-vos, porém, irmãos, pelo nome de nosso Senhor Jesus Cristo, que digais todos uma mesma coisa e que não haja entre vós dissensões; antes, sejais unidos, em um mesmo sentido e em um mesmo parecer. Porque a respeito de vós, irmãos meus, me foi comunicado pelos da família de Cloe que há contendas entre vós (1 Co 1.10,11).

A palavra grega para *contendas* também descreve batalhas na guerra. A congregação em Corinto estava em guerra. Por quê? Porque não conseguiam concordar sobre quem era o líder. "Cada um de vós diz: Eu sou de Paulo, e eu, de Apolo, e eu, de Cefas, e eu, de Cristo" (v. 12).

Os membros da igreja tinham seus líderes favoritos. Alguns se reuniam ao redor de Paulo, o fundador da igreja. Outros gostavam de Apolo, um orador dinâmico. Alguns preferiam Pedro, um dos apóstolos originais, e o seguiam. E outros estavam contentes por seguir apenas a Jesus. A congregação estava dividida em quatro grupos, esboçados e aquartelados em "Paulinos", "Apolinos", "Petrinos" e "Jesuínos". Em se tratando de unidade, os membros não acertavam o passo.

Em se tratando de moral, a igreja estava fora de controle. Paulo escreve:

> Geralmente, se ouve que há entre vós fornicação e fornicação tal, qual nem ainda entre aos gentios, como é haver quem abuse da mulher de seu pai. Estais inchados e nem ao menos vos entristecestes, por não ter sido dentre vós tirado quem cometeu tal ação (1 Co 5.1,2).

Paulo se pergunta o que é pior — a atividade do homem ou a apatia da igreja?

Um homem estava tendo um caso com a esposa de seu pai. Como Paulo não faz menção a incesto, a mulher era provavelmente sua madrasta. Até mesmo a sociedade de Corinto rejeitaria tal comportamento. A lei romana proibia que um filho se casasse com a mulher de seu pai, mesmo que o seu pai estivesse morto.[1] Mas ali, bem no meio da igreja, um caso como este estava ocorrendo, e ninguém dizia nada!

Em se tratando de moral, a comunidade estava fora de controle. A sua depravação moral provavelmente era resultado de sua teologia superficial, pois quando se tratava de conhecimento bíblico, a comunidade estava em desacordo.

A controvérsia era a seguinte: podemos comer a carne que foi oferecida aos ídolos? A adoração pagã, como a judaica, envolvia o sacrifício de animais. Mas somente uma porção do sacrifício era realmente queimada. O restante era dividido entre os sacerdotes e o público. Os cristãos podiam comer essa carne?

Os que eram a favor diziam que sim. Afinal, como diz Paulo: "... não há outro Deus, senão um só" (1 Co 8.4). Os que eram a favor alegavam não haver problema em comer tal carne.

Os que eram contra, entretanto, tinham um problema de consciência. Paulo usa o versículo 7 para colocar o dilema em palavras:

> "Mas nem em todos há conhecimento; porque alguns até agora comem, no seu costume para com o ídolo, coisas sacrificadas ao ídolo; e a sua consciência, sendo fraca, fica contaminada" (v. 7).

Alguns membros achavam que comer a carne oferecida aos ídolos endossava a adoração aos ídolos. Os que eram contrários passavam por maus momentos ao fazerem tal distinção. E os favoráveis passavam por maus momentos por serem obrigados a ter paciência. Estes sentiam-se livres em Cristo e não conseguiam entender por que os demais não se sentiam da mesma maneira.

Paulo concorda com suas convicções: "Ora, o manjar não nos faz agradáveis a Deus, porque, se comemos, nada temos de mais, e, se não comemos, nada nos falta" (1 Co 8.8). O apóstolo não tinha qualquer problema com a crença daqueles que eram favoráveis à carne. Mas tinha muitos problemas com a arrogância deles. É difícil não perceber a ironia em suas palavras: "Ora, no tocante às coisas sacrificadas aos ídolos, sabemos que todos temos ciência. A ciência incha, mas o amor edifica. E, se alguém cuida saber alguma coisa, ainda não sabe como convém saber" (1 Co 8.1,2).

Uau! As pessoas tinham a informação correta, mas a abordagem errada. Eram sofisticadas demais, em seu próprio prejuízo.

Imaginemos a confusão dos crentes coríntios. No que se refere à unidade, estavam descompassados. Em termos de moralidade, estavam fora de controle. Teologicamente, estavam desalinhados. E tem mais! Na área da adoração, a igreja estava desordenada. Assim como a recém-descoberta liberdade lhes trouxe problemas com a moral e com a carne, causou-lhes também problemas em suas reuniões.

O véu era um problema. Algumas mulheres estavam indo à igreja sem véu. Em Corinto, o véu era sinal de modéstia e virtude. Aparecer sem véu em público era imoral. Os membros "esclarecidos" queriam livrar-se do véu e "encarar" o futuro. Outros, no entanto, diziam "não tão depressa". Paulo era um deles. A mulher sem véu poderia igualmente raspar sua cabeça, ele argumenta (11.5). Já que ela chamará a atenção sobre si mesma, por que reprimir-se?

E havia a questão da Ceia do Senhor. Em Corinto, a refeição era mais do que bolachas e suco; era um longo período de comida, comunhão e adoração. Mas alguns dos membros não entendiam bem o sentido desta reunião. Apreciavam a comida mas negligenciavam a comunhão e a adoração. Chegavam cedo e comiam com entusiasmo, deixando para os demais nada mais que uma mesa vazia.

As mulheres não entendiam o véu. Outros não entendiam a Ceia do Senhor. E nenhum deles entendia os dons do Espírito. Alguns tinham orgulho dos dons que possuíam; outros se sentiam defraudados. Falavam muito em línguas mas não havia suficiente interpretação, e havia muita pregação, porém ouviam pouco; isto resultava em confusão (14.23).

Oh, Corinto. Vocês têm um problema em cada banco da igreja. Egoísmo territorial. Falta de vergonha moral. Negligência teológica. E imprudência generalizada. Será possível ajudar uma congregação desse tipo?

Você pode corrigi-los. Paulo o fez. Você pode educá-los, assim como fez Paulo. Você pode argumentar com eles; Paulo o fez. Mas em algum momento, você deixa de conversar com as cabeças e começa a apelar aos corações.

E Paulo fez isso: "O amor... tudo sofre, tudo crê, tudo espera, tudo suporta" (1 Co 13.4-7).

Vocês, pais, conhecem o problema de Paulo. Vocês já viveram isso. Do quarto da sua filha se ouve um choro terrível. Você corre até lá para encontrar o seu filho de oito anos gritando e a sua filha de seis com o rosto marcado de lágrimas. Você suspira e pergunta: — O que aconteceu? — Nunca deveria ter perguntado.

— Ele jogou a minha boneca pela janela.

— Mas ela chutou o meu videogame.

E a coisa continua. Ele fez isso. Ela fez aquilo. Ela. Ele. Você balança a cabeça e se pergunta por que os seus filhos não foram abençoados com mais características da sua família.

Por fim, você faz um "T" com as suas mãos e grita "Tempo!" Esqueça os problemas. Você irá ao âmago da questão. Vai falar com os filhos sobre algo maior que os brinquedos, mais importante que os jogos. Você lhes fala sobre o amor. Fala-lhes sobre família. Você enxuga as lágrimas dela, acaricia a cabeça dele e insiste no tema de que a família deve estar unida e todos devem cuidar uns dos outros. Você lhes diz que a vida é muito curta para brigas, e que as pessoas são preciosas demais para se enraivecerem umas com as outras, e que no final a única coisa que realmente soluciona tudo é o amor.

Eles ouvem. Com a cabeça fazem um sinal de aprovação. E você se enche de um agradável sentimento de satisfação. Você se levanta e sai do quarto. A briga pode começar outra vez. Mas ao menos você plantou a semente.

Paulo poderia dizer o mesmo. Ao longo de doze capítulos, o apóstolo lutou para desfazer os nós da desunião. Por mais três capítulos, ele tentará identificar o sentido dos conflitos dos coríntios. Mas o capítulo treze é o seu grito de "Tempo!" Ele vê somente uma solução. E essa solução é uma palavra grega de cinco letras: Á-G-A-P-E. *Ágape*.

Paulo poderia ter usado a palavra grega *eros*. Mas não está se referindo ao amor sexual. Ele poderia ter usado a palavra *phileo*, no entanto mostra mais do que amizade. Ou poderia ter usado *storge*, um termo carinhoso para o amor familiar. Mas Paulo tem mais do que a paz doméstica em mente.

Ele vislumbra um amor *ágape*. O amor *ágape* se preocupa com os outros porque Deus se preocupou conosco. O amor *ágape* vai além dos sentimentos e dos bons votos. Por Deus ter nos amado primeiro, o amor *ágape* responde. Por Deus ter nos tratado com sua graça, o amor *ágape* perdoa o erro quando a ofensa é grande. *Ágape* oferece paciência quando o estresse é abundante e aumenta a bondade quando ela é escassa. Por quê? Porque Deus nos ofereceu ambas.

O amor *ágape* "tudo sofre, tudo crê, tudo espera, tudo suporta" (1 Co 13.7).

Este é o tipo de amor que Paulo prescreve para a igreja em Corinto. Não precisamos da mesma receita hoje? Nossos grupos também não brigam entre si? Não flertamos com quem não deveríamos? Às vezes não nos calamos quando deveríamos falar? E aqueles que encontraram a liberdade não sofrem devido àqueles que não a tem? Um dia haverá uma comunidade onde todos se comportarão bem e ninguém reclamará. Mas não será deste lado do céu.

Até lá, o que faremos? Devemos argumentar. Devemos confrontar. Devemos ensinar. Mas acima de tudo, devemos amar.

Um amor assim não é fácil. Nem para você, nem para mim. Também não foi para Jesus. Você quer uma prova? Ouça as suas frustrações: "Ó geração incrédula! Até quando estarei convosco? Até quando vos sofrerei ainda?" (Mc 9.19).

Até o Filho de Deus teve que lidar com a questão da comida ruim. Saber que Jesus se perguntava essas coisas nos tranqüiliza. Mas saber como Ele mesmo respondeu nos transformará. "Até quando terei que suportá-los?"

"Tempo suficiente para ser chamado de louco pelos meus irmãos e de mentiroso pelos meus vizinhos. Tempo suficiente para ser expulso da minha cidade e do meu templo. Tempo suficiente para que o povo zombe de mim, amaldiçoe-me, esbofeteie-me, agrida-me, ponha uma venda sobre os meus olhos e riam de mim. Tempo suficiente para sentir o cuspe quente e o terrível açoite, e para ver meu próprio sangue empoçado aos meus pés".

Quanto tempo? Até que o galo cante, o suor me machuque e se ouça o açoite e uma montanha de demônios zombe de um Deus moribundo.

Quanto tempo? Tempo suficiente para que os pecados cubram minha alma que jamais pecou, até que o céu fique horrorizado. Até que os meus lábios inchados pronunciem a frase final do acordo: "Está consumado!"

Quanto tempo? "Até que Eu seja morto".

Jesus sofreu todas as coisas, creu em todas as coisas, esperou todas as coisas, e suportou todas as coisas. Cada uma delas.

CAPÍTULO DOZE

Um Manto de Amor

O amor... sempre protege.
1 Coríntios 13.6,7
(tradução livre do inglês)

Nos escondemos, Ele nos procura.

Trazemos os pecados. Ele traz o sacrifício.

Tentamos nos cobrir com folhas de figueira. Ele traz o manto da justiça.

E assim podemos cantar a canção do profeta:

Deus "me vestiu de vestes de salvação, me cobriu

Com o manto de justiça, como um noivo que se adorna com

atavios e como noiva que se enfeita com as suas jóias" (Is 61.10).

Nos anos de 1930, Joe Wise era um jovem solteiro residente no Cook Hospital, em Fort Worth, Texas. Os pacientes chamavam-no de "o médico com a rosa". Ele os fazia sorrir pegando uma flor dos buquês ao lado das camas e prendendo-a no seu avental.

No entanto, Madge precisava de mais do que um sorriso. O acidente de automóvel tinha machucado gravemente sua perna na altura do joelho. Ela era jovem, bonita, e tinha muito medo. Quando Joe a encontrou no pronto-socorro, ele fez algo que nunca havia feito antes.

Joe pegou seu avental, adornado com a rosa, e o colocou gentilmente sobre a jovem. Quando ela foi levada à sala de cirurgia, o avental foi removido, mas ela pediu para ficar com a rosa. Depois da operação, quando acordou, a rosa ainda estava em sua mão.

Quando eu lhe disser que Madge nunca esqueceu Joe, você não ficará surpreso. Quando eu lhe disser como ela lhe agradeceu, talvez você se surpreenda.

Mas antes de terminar a história do avental de Joe, será que posso pedir-lhe para pensar no seu próprio avental? Você tem um manto de amor? Você conhece alguém que precisa de um? Quando você agasalha alguém com interesse e dedicação, está fazendo o que Paulo tinha em mente quando escreveu o texto bíblico que nos traz o seguinte sentido: "o amor... sempre protege" (1 Co 13.4-7, tradução livre do inglês).

Aqui temos um termo bastante rico. Sua raiz significa "cobrir ou ocultar". Suas parentes ao lado dos substantivos são *telhado* e *abrigo*. Ao transmitir a idéia de que "o amor sempre protege", Paulo pode ter pensado na sombra de uma árvore ou no refúgio de uma casa. Ele pode ter até mesmo pensado em um agasalho. Um estudioso acredita que ele realmente estava pensando nisso. O *Dicionário Teológico do Novo Testamento* (Theological Dictionary of the New Testament) é conhecido por seu estudo das palavras, e não por qualidades poéticas. Mas o estudioso parece poético quando explica o significado de *proteger* como aparece em 1 Coríntios 13.7. Ele diz que esta palavra "transmite a idéia de cobrir com um manto de amor".[1]

Você se lembra de quando recebeu um? Você estava nervoso com a prova, mas a professora ficou até mais tarde para ajudá-lo. Você estava longe de casa e amedrontado, mas sua mãe telefonou para confortá-lo. Você era inocente e foi acusado, e o seu amigo ficou ao seu lado para defendê-lo. Coberto com encorajamento. Coberto com cuidados e ternura. Coberto com proteção. *Coberto com um manto de amor.*

O seu melhor manto de amor, no entanto, veio de Deus. Você nunca pensou em seu Criador como alguém que é capaz de vesti-lo? Adão e Eva, sim.

Todas as lojas de roupas do mundo devem sua existência a Adão e Eva. As tábuas de passar roupa, os armários, os cabides — todos têm sua origem no Jardim do Éden. Antes do pecado, Adão e Eva não precisavam de roupas; depois do pecado, não conseguiam vestir-se suficientemente depressa. Esconderam-se nos arbustos e começaram a tarefa de fazer um enxoval de folhas de figueira.

Precisavam de proteção. Bem, eles a teriam. Conheciam as conseqüências de seu erro. Deus os tinha avisado. "Do fruto da árvore que está no meio do jardim, disse Deus: Não comereis dele, nem nele tocareis, para que não morrais" (Gn 3.3).

Claro que a única árvore em que não deveriam tocar era aquela a que não puderam resistir, e o fruto da árvore se tornou uma maçaneta que, uma vez utilizada, permitiu a entrada de um sem-número de conseqüências indesejáveis.

Uma delas foi a vergonha. Adão e Eva não sentiam vergonha. Mais tarde, era tudo o que sentiam. Então procuraram fazer roupas e costurar, mas a roupa não era suficiente. O que é um pomar aos olhos de Deus? Que proteção se encontra em uma folha de figueira?

Adão e Eva se encontravam, como Madge, vulneráveis em cima de uma maca — feridos, não por um automóvel, mas por seu próprio pecado.

Mas o que faria Deus? Ele não tinha anunciado seu julgamento? A lei não havia sido infringida? A justiça não exigia que morressem? Deus não é justo?

Mas, nós contra-atacamos depressa: Deus não é amor? E Adão e Eva não eram seus filhos? Será que a sua misericórdia superaria a sua justiça? Há alguma possibilidade de que a justiça possa coexistir com a bondade?

De acordo com Gênesis 3.21, sim. Este versículo foi considerado o primeiro sermão do evangelho. Proferido não por pregadores, mas pelo próprio Deus. Não com palavras, mas com símbolos e ação. Você quer saber como Deus reage ao nosso pecado?

"Fez o Senhor Deus a Adão e a sua mulher túnicas de peles e os vestiu" (Gn 3.21).

Que mistério por trás destas palavras! Leiamos outra vez e tentemos vislumbrar o momento.

"Fez o Senhor Deus a Adão e a sua mulher túnicas de peles [de animais] e os vestiu".

Essa simples sentença sugere três cenas poderosas.

Cena 1: Deus mata um animal. Pela primeira vez na história da terra, o solo se mancha de sangue. Sangue inocente. O animal não cometeu nenhum pecado. Não merecia morrer.

Adão e Eva, sim. Eles mereciam morrer, mas viveram. O animal merecia viver, mas morreu. Na cena 1, o sangue inocente é derramado.

Cena 2: Roupas são confeccionadas. O criador das estrelas torna-se agora um alfaiate.

E na Cena 3: Deus os veste. “O Senhor ... os vestiu”.

Oh, vislumbremos mais uma vez aquele momento. Adão e Eva estão saindo do jardim. Receberam a ordem de sair, mas agora Deus lhes ordena que parem. “Essas folhas de figueira”, Ele diz, balançando a cabeça, “não servem”. E então lhes prepara roupas. Mas não lança estas roupas aos pés do casal ordenando-lhes que se vistam. Ele mesmo os veste. “Fique parado, Adão. Vamos ver como isso fica em você”. Como uma mãe veste um bebê. Como um pai fecha o casaco do filho na pré-escola. Como um médico coloca um avental sobre uma garota assustada. Deus os cobre. Ele os protege.

O amor sempre protege.

Ele não fez a mesma coisa por nós? Comemos a nossa porção do fruto proibido. Dizemos o que não deveríamos dizer. Vamos a lugares onde não deveríamos ir. Apanhamos frutos de árvores que não deveríamos tocar.

E quando fazemos isso, a porta se abre e a vergonha nos invade. E nos escondemos. Costuramos folhas de figueira. Desculpas insignificantes. Justificativas superficiais. Nos cobrimos de boas obras e boas ações, mas basta uma rajada do vento da verdade para que estejamos nus outra vez, totalmente nus devido aos nossos próprios erros.

Então, o que é que Deus faz? Exatamente o que fez por nossos pais no jardim. Ele derrama sangue inocente. Oferece a vida de seu Filho. E da cena do sacrifício o Pai apanha um manto — não a pele de um animal — mas o manto da justiça. E joga esse manto para nós e ordena que o vistamos? Não, Ele mesmo nos veste. Ele nos reveste *de si mesmo*. "Porque todos quantos fostes batizados em Cristo já vos revestistes de Cristo" (Gl 3.26,27).

Vestir-nos é trabalho dEle, não nosso. Você percebeu a falta de ação de Adão e Eva? Eles não fizeram nada. Absolutamente nada. Não pediram o sacrifício; não pensaram no sacrifício; nem mesmo se vestiram sozinhos. Estavam passivos durante o processo. Assim estamos nós. "Porque pela graça sois salvos, por meio da fé; e isso não vem de vós; é dom de Deus. Não vem das obras, para que ninguém se glorie. Porque somos feitura sua, criados em Cristo Jesus para as boas obras, as quais Deus preparou para que andássemos nelas" (Ef 2.8-10).

Nos escondemos. Ele nos procura. Trazemos os pecados. Ele traz o sacrifício. Tentamos nos cobrir com folhas de figueira. Ele traz o manto da justiça. E assim podemos cantar a canção do profeta: Deus "me vestiu de vestes de salvação, me cobriu com o manto de justiça, como um noivo que se adorna com atavios e como noiva que se enfeita com as suas jóias" (Is 61.10).

Deus nos vestiu. Ele nos protege com um manto de amor. Você consegue olhar para o seu passado e encontrar exemplos da proteção de Deus? Eu também consigo. Em meu primeiro ano na universidade, estava fascinado por um movimento de cristãos a milhares de quilômetros de distância do meu campus. Alguns de meus amigos decidiram passar o verão na maior igreja deste movimento, e ser discípulos. Quando tentei fazer o mesmo, todas as portas se fecharam. Um problema após o outro com as finanças, a logística e a viagem.

Surgiu uma segunda oportunidade: passar um verão no Brasil. Nesse caso, todas as portas em que bati se abriram. Duas décadas e meia depois vejo como Deus me protegeu. Aquele movimento se transformou em uma seita — perigosa e opressora. O período no

Brasil introduziu-me à graça — libertadora e alegre. Deus não me protegeu? Deus não nos protege?

Ele não faz por nós o mesmo que fez pela mulher acusada de adultério? Ele a protegeu das pedras atiradas contra ela. E os seus discípulos? Ele os protegeu da tempestade. E aquele que estava endemoninhado? Ele o protegeu do próprio inferno. Ora, Jesus até mesmo protegeu Pedro dos cobradores de impostos, providenciando o pagamento.[2]

E você? Ele já o protegeu de um mau relacionamento? Já o protegeu de um emprego inadequado? Já o livrou ou guardou de ___________________________? (complete a frase com sua própria experiência). "Como as aves voam, assim [o Senhor dos Exércitos] amparará a Jerusalém" (Is 31.5). "Fiel é o Senhor, que vos confortará e guardará do maligno" (2 Ts 3.3). "Porque aos seus anjos dará ordem a teu respeito, para te guardarem em todos os teus caminhos" (Sl 91.11). Deus o protege com um manto de amor.

Você não adoraria fazer o mesmo por Ele? E se lhe fosse dado o privilégio de Maria? E se o próprio Deus fosse colocado como um bebê em seus braços? Você não faria o que ela fez? Ela "envolveu-o em panos" (Lc 2.7).

O menino Jesus, ainda úmido, recém-saído do ventre de Maria, certamente sentia frio. Então sua mãe fez o que qualquer mãe faria. Fez o que o amor faz. Ela o cobriu.

Três décadas depois outra pessoa que amava a Cristo fez o mesmo. Nessa ocasião o corpo de Jesus não estava frio devido ao clima ou à temperatura daquele dia; tratava-se do frio da morte. José de Arimatéia tinha descido o corpo da cruz. Da mesma maneira que Maria limpou a criança ao sair de seu ventre, José também preparou o Salvador para o túmulo. Ele lavou o cuspe de sua face e limpou o sangue de sua barba. "E José, tomando o corpo, envolveu-o num fino e limpo lençol" (Mt 27.59).

Maria vestiu o bebê. José limpou o corpo.

Você não apreciaria uma oportunidade de fazer o mesmo? Você tem uma oportunidade. Essas oportunidades aparecem em seu caminho todos os dias. Jesus disse:

> Estava nu, e vestistes-me... E, [as pessoas perguntaram] quando te vimos estrangeiro e te hospedamos? Ou nu e te vestimos?... E, respondendo o Rei, lhes dirá: Em verdade vos digo que, quando o fizestes a um destes meus pequeninos irmãos, a mim o fizestes" (Mt 25.36,38,40).

Você conhece alguém como Madge, que está ferida e amedrontada? Você conhece alguém, como Adão e Eva, que está cheio de culpa e embaraço? Você conhece alguém que precisa de um manto de amor?

Você já teve um filho adolescente com problemas? Você ouve a porta da garagem que se abre depois da hora devida. Você sai da cama e vai até a cozinha, e o encontra no balcão. O cheiro de cerveja em seu hálito. O rubor do álcool em seu rosto. Isto é sério. Ele esteve bebendo. Ele esteve dirigindo. Você tem um problema, e eu tenho uma pergunta. O que você dará ao seu filho?

Vai repreendê-lo, dar-lhe um sermão? Ele o merece. Você vai deixá-lo três meses sem dirigir? Pode ser uma atitude sábia. Vai condená-lo à prisão perpétua sem liberdade condicional? É compreensível, considerando a sua preocupação, mas não se esqueça de dar ao seu filho um manto de amor. Em algum momento das próximas horas ele necessitará desesperadamente sentir o seu braço em volta de seus ombros. Ele necessita ser agasalhado, coberto, acolhido no seu amor. O amor sempre protege.

Você conhece alguém que precisa de um manto de amor?

Você já ouviu alguém falando mal de uma pessoa que você conhece? Já viu chacais humanos dilacerando um amigo caído? "Bem, eu ouvi dizer que ela...". "Oh, mas você não sabia que ela...".

"Deixe-me contar-lhe o que um amigo me disse sobre ele...". E de repente é a sua vez. Todos estão dilacerando seu amigo. O que você tem a dizer?

Aqui está o que o amor diz: o amor não diz nada. O amor fica em silêncio. "O amor cobre multidão de pecados" (1 Pe 4.8, ARA). O amor não expõe. Não faz fofoca. Se o amor disser alguma coisa, pronunciará palavras de defesa. Palavras de bondade. Palavras de proteção.

Você conhece alguém que precisa de um manto de amor?

Há alguns anos ofereci um para minhas filhas. O redemoinho da adolescência estava investindo freqüentemente contra a nossa casa, trazendo consigo mais do que a nossa cota de dúvidas, espinhas e tensões relacionadas ao namoro. Não podia proteger as garotas dos ventos, mas podia dar-lhes uma âncora que as segurasse em meio ao nevoeiro. No dia dos namorados de 1997, escrevi as seguintes palavras e mandei emoldurar para cada uma das minhas filhas:

> Tenho um presente especial para você. Meu presente aquece as noites e ilumina as tardes, os risos, as risadinhas e os sábados felizes.
>
> Mas como posso dar-lhe este presente? Existe uma loja que venda sorrisos? Um catálogo que ofereça beijos? Não. Um tesouro como esse não pode ser comprado. Mas pode ser dado. E é assim que eu o dou a você.
>
> Seu presente do Dia dos Namorados é uma promessa, uma promessa de que sempre amarei a sua mãe. Com Deus ao meu lado, nunca a deixarei. Vocês nunca

chegarão em casa e saberão que fui embora. Nunca acordarão e descobrirão que fugi. Vocês sempre terão dois pais. Eu amarei a sua mãe. Honrarei a sua mãe. Cuidarei de sua mãe. Esta é a minha promessa. Este é o meu presente.

Com amor, Papai.

Você conhece alguém que precisa de um pouco de proteção? Claro que sim. Então dê essa proteção.

Pague a conta do gás para um casal idoso em dificuldades.

Prometa a seus filhos que, com Deus ao seu lado, eles nunca conhecerão um dia sem comida ou uma noite sem lar.

Diga ao seu marido que você faria tudo novamente e convide-o para outra lua de mel.

Certifique-se de convidar seus amigos divorciados para as suas festas.

E se encontrar uma alma ferida, trêmula e abalada em uma maca da vida, ofereça um avental e deixe uma rosa.

Foi o que o doutor Wise fez. E ele não parou por aí. Enquanto Madge se recuperava, ele a visitava em seu quarto. Muitas vezes. Quando soube que estava noiva, ele pendurou um cartaz de "Visitas proibidas" em sua porta, para que o noivo não pudesse entrar. Madge não protestou. Em seu diário ela escreveu: "Espero que aquele médico bonitão venha visitar-me hoje". E ele foi, aquele dia e muitos outros, sempre com uma rosa. Uma vez por dia até que ela recebeu alta.

E Madge nunca esqueceu. Sua resposta? Ela lhe deu uma rosa em retribuição. No dia seguinte ela lhe deu outra. Então, outra. Quando começaram a namorar, as rosas ainda chegavam diariamente. Ela não deixou de dar-lhe rosas nem depois que se casaram. Madge convenceu o Campo de Golfe Colonial em frente à sua casa a plantar rosas, assim ela poderia dar ao médico o seu presente diário. Por quase quarenta anos, todos os dias — uma rosa. O seu filho caçula, Harold, diz que não consegue se lembrar de um dia em que não houvesse um vidro na geladeira com rosas para o seu pai.[3]

Um manto de amor. Uma rosa de gratidão.

Você recebeu a primeira? Então está na hora de dar a segunda.

CAPÍTULO TREZE

O Anel da Confiança

O amor... tudo crê...
1 Coríntios 13.4-7 (ARA)

Ao falar a verdade, você é um embaixador de Deus.

Ao empregar o dinheiro que Ele lhe dá,

você é o seu administrador de negócios.

Ao declarar perdão, você é o seu sacerdote.

Ao promover a cura do corpo ou da alma, você é o seu médico.

E ao orar, Ele o ouvirá como um pai ouve seu filho.

Você é alguém na casa de Deus. Ele lhe deu o seu anel.

"De todas as formas, Skinner era um homem morto". Com essas palavras, Arthur Bressi começou a contar sobre o dia em que encontrou seu melhor amigo em um campo de concentração japonês, na Segunda Guerra Mundial. Eles tinham sido colegas no colegial. Cresceram juntos em Mount Carmel, Pensilvânia, jogando bola, faltando às aulas, saindo com suas namoradas. Arthur e Skinner eram inseparáveis. Fez sentido, então, que quando um se alistou no exército, o outro também tenha se alistado. Seguiram no mesmo navio para as Filipinas. E lá se separaram. Skinner estava em Bataan quando a cidade caiu sob o ataque japonês em 1942. Arthur Bressi foi capturado um mês depois.

Por intermédio dos boatos da prisão, Arthur descobriu onde estava o seu amigo. Skinner estava quase morto em um campo próximo. Arthur ofereceu-se como voluntário para o destacamento de trabalho na esperança de que sua companhia pudesse passar pelo outro campo. Um dia conseguiram.

Arthur pediu e obteve cinco minutos para encontrar e falar com seu amigo. Ele sabia ir até o lado do campo onde ficavam os doentes. O campo estava dividido em duas partes — uma para aqueles que podiam recuperar-se, e outra para aqueles que já não tinham esperança. Aqueles que esperavam a morte estavam em um barracão chamado "vigilância zero". Ali Arthur encontrou Skinner. Ele gritou o seu nome, e do barracão saiu a sombra de 36 quilos do amigo que conhecera.

Observe o seu próprio relato:

> Fiquei junto à cerca do campo japonês de prisioneiros de guerra em Luzon e vi o meu companheiro de infância, coberto de sujeira e torturado pelas dores de múltiplas doenças, cambalear em minha direção. Ele estava morto; somente o seu impetuoso espírito se recusava a deixar o seu corpo. Eu quis olhar para o outro lado, mas não consegui. Os seus olhos azuis, úmidos e fracos, se fixaram em mim e não me abandonavam.[1]

Malária. Disenteria causada por amebas. Anemia. Escorbuto. Beribéri. O corpo de Skinner era um alojamento de doenças tropicais. Ele não conseguia comer. Não conseguia beber. Estava quase morto.

Arthur não sabia o que fazer nem o que dizer. Seus cinco minutos estavam quase esgotados. Ele começou a desfazer o forte nó no lenço atado ao redor do seu pescoço. Nele estava o seu anel do colegial. Com o risco de uma punição, ele tinha escondido o anel no campo. Sabendo da probabilidade de uma doença e da escassez de tratamentos, ele estava guardando o anel para trocá-lo por remédios ou comida para si mesmo. Mas bastou um só olhar para Skinner para que soubesse que não podia mais guardar o anel.

Ao despedir-se de seu amigo, ele deslizou o anel para a mão frágil de Skinner através da cerca, e lhe disse que negociasse com ele. Skinner protestou, mas Arthur insistiu. Ele voltou-se e saiu, não sabendo se voltaria a ver o seu amigo com vida.

Que tipo de amor faria algo assim? Uma coisa é dar um presente a alguém saudável. Uma coisa é repartir um tesouro com o forte. Mas outra coisa é entregar o que você tem de melhor ao fraco, confiar o seu tesouro ao moribundo — isso significa alguma coisa. Realmente, isso significava alguma coisa para eles. "Eu acredito em você", declara o gesto. "Não se desespere. Não desista. Eu acredito em você". Não é de admirar que Paulo inclua essa frase em sua definição de amor. "O amor... tudo crê" (1 Co 13.7 ARA).

Você conhece alguém que está do mesmo lado da cerca onde estava Skinner? Se seu filho tem problemas na escola, você conhece. Se o seu marido luta contra a depressão ou se a sua mulher está desempregada, você conhece. Se você tem um amigo com câncer, se a classe zomba do seu colega, se o seu filho não entrar no time, se você conhece alguém que tem medo ou que fracassou ou que é frágil, então você conhece alguém que precisa do anel da confiança.

E, mais ainda, você pode dar-lhe um. Você pode, através dos seus atos ou palavras, mudar a vida dessa pessoa para sempre.

Arthur o fez. Você quer saber o que aconteceu com Skinner? Ele pegou o anel e o enterrou no assoalho do barracão. No dia seguinte ele correu o maior risco de sua vida. Aproximou-se do guarda mais "gentil" e lhe passou o anel através da cerca. — *Takai?* — perguntou o soldado. — Isso tem valor? — Skinner assegurou que sim. O soldado sorriu, guardou o anel no bolso e foi embora. Alguns dias depois ele passou ao lado de Skinner e deixou cair um pacote. Pastilhas de sulfanilamida. Um dia depois ele voltou com limões para combater o escorbuto. Em seguida veio com um par de calças compridas e algumas latas de carne. Depois de três semanas Skinner estava em pé novamente. Depois de três meses ele foi levado para o lado saudável do campo dos doentes. Com o passar do tempo, já era capaz de trabalhar. Até onde Skinner sabe, ele foi o único americano a sair com vida da zona de vigilância zero.

Tudo em função de um anel. Tudo porque alguém acreditou nele.

Sei o que alguns de vocês estão pensando. Estão olhando para Arthur e Skinner e desejando que a sua situação fosse fácil assim. Skinner era um homem moribundo mas um bom homem, um bom amigo. Como podemos acreditar em alguém que não é assim? Você acredita em um homem que o engana, ou em um empregado que o rouba? Será que o amor ignora todas as coisas? Creio que não. Essa passagem não é um chamado à ingenuidade ou à cegueira. No entanto, é um chamado a que demos aos outros o que Deus tem nos dado.

Você bem sabe que Skinner não é a única pessoa que ganhou um anel. Você também tem um em seu dedo. Seu Pai celestial colocou-o em seu dedo. Jesus descreveu esse momento quando contou a parábola do filho pródigo.

A história envolve um pai rico e um filho obstinado. O rapaz recebe prematuramente sua herança e vai para Las Vegas e ali gasta todo o seu dinheiro em caça-níqueis e garotas de programa. Tão depressa como você consegue dizer "abracadabra", ele fica sem dinheiro. Orgulhoso demais para voltar para casa, consegue um emprego como varredor de cocheiras no jóquei-clube. Quando se encontra provando a comida dos cavalos e pensando *Hum, um pouquinho de sal e isto não estaria tão ruim assim*, ele se dá conta de que já é o bastante. Está na hora de ir para casa. O jardineiro da casa de seu pai vive melhor do que ele. Então volta para casa, ensaiando seu discurso de arrependimento a cada etapa do caminho.

Mas seu pai tem idéias diferentes. "E, quando ainda estava longe, viu-o seu pai". O pai estava à procura do rapaz, sempre esticando o pescoço, sempre esperando que o rapaz aparecesse, e quando isso aconteceu, quando o pai viu a figura familiar no caminho, "se moveu de íntima compaixão, e, correndo, lançou-se-lhe ao pescoço, e o beijou".

Não esperávamos essa atitude. Esperávamos braços cruzados e uma sobrancelha franzida. Na melhor das hipóteses, um resguardado aperto de mão. Pelo menos uma repreensão severa. Mas o pai não faz nada disso. Ao contrário, entrega-lhe presentes. "Trazei depressa a melhor roupa... um anel... sandálias... e trazei o bezerro cevado... e comamos e alegremo-nos" (Lc 15.11-23). Manto, sandálias, bezerro, e... você prestou atenção? Um anel.

Antes que o rapaz tivesse a chance de lavar as mãos, um anel foi colocado em seu dedo. Nos tempos de Cristo anéis eram mais do que presentes. Eram símbolos de soberania delegada. O portador do anel poderia falar em nome de quem lhe tivesse dado o anel. O anel era usado para pressionar um selo contra uma cera macia, validando, deste modo, uma transação. Aquele que usava o anel conduzia negócios em nome daquele que tinha dado o anel.

Você teria feito o mesmo? Teria dado a esse filho pródigo uma procuração para que pudesse conduzir os seus negócios? Você lhe teria confiado um cartão de crédito? Teria lhe dado o seu anel?

Antes de começar a questionar a sabedoria do pai, lembre-se: nessa história você é o rapaz.

Quando veio à casa de Deus, você recebeu autoridade para conduzir os negócios em nome de seu Pai celestial.

Ao falar a verdade, você é um embaixador de Deus.

Ao empregar o dinheiro que Ele lhe dá, você é o seu administrador de negócios.

Ao declarar perdão, você é o seu sacerdote.

Ao promover a cura do corpo ou da alma, você é o seu médico.

E ao orar, Ele o ouvirá como um pai ouve seu filho.

Você é alguém na casa de Deus. Ele lhe deu o seu anel.

A única coisa mais notável que o fato de dar o anel, é o fato de não pedi-lo de volta! Não houve ocasiões em que poderia ter pedido o anel de volta?

Por exemplo, quando você promoveu a sua própria causa e esqueceu a dEle. Quando falou mentiras e não a verdade. Quando lançou mão de seus dons e usou-os para ganho pessoal. Quando pegou o ônibus de volta para Las Vegas e esteve ali seduzido pelo mundo de luzes, sorte e longas noitadas. Ele não poderia ter pedido o anel de volta? Claro que sim. Mas o fez? Você ainda tem uma Bíblia? Você ainda tem permissão para orar? Ainda tem algum dinheiro para administrar ou alguma habilidade para usar? Então parece que Ele ainda quer que você use o anel. Parece que Ele ainda acredita em você!

Ele não desistiu de você. Não foi embora, não virou as costas. Poderia ter feito isso. Outros teriam agido deste modo. Mas Ele não. Deus acredita em você. Eu me pergunto, será que você poderia pegar um pouco da confiança que Ele tem em você e compartilhá-la com outra pessoa? Você poderia acreditar em alguém?

Acreditar é uma atitude poderosa. Robert Schuller disse: "Não sou quem penso ser. Não sou quem você pensa que sou. Sou quem penso que você pensa que sou".[2] (Talvez você queira ler este pensamento novamente). Certo ou errado, nós nos definimos através dos olhos das outras pessoas. Diga-me um bom número de vezes que sou estúpido, e acreditarei em você. Diga-me um bom número de vezes que sou inteligente, e eu talvez concorde. Ou como afirmou o poeta alemão Goethe: "Trate um homem como o que ele aparenta ser, e você o fará pior. Mas trate um homem como se ele fosse o que potencialmente poderia ser, e você fará dele o que ele deveria ser".

Robert Rosenthal demonstrou isso em um famoso estudo de sala de aula. Ele e um diretor de escola fundamental testaram um grupo de estudantes. Mencionaram aos professores dos alunos que alguns dos alunos tinha obtido resultados extremamente bons nos testes. Os professores foram levados a acreditar que cinco ou seis dos alunos tinham habilidades excepcionais de aprendizado.

O que os professores não sabiam é que os nomes dos alunos "excepcionais" tinham sido escolhidos de uma maneira totalmente aleatória. Não eram diferentes dos demais, mas uma vez que os professores pensaram que eram diferentes, começaram a tratá-los de maneira diferente. No final do ano aqueles que os professores julgavam brilhantes realmente o eram! Obtiveram notas melhores que os seus colegas, e seus resultados de QI foram superiores, apresentando uma variação de quinze a vinte e sete pontos. Os professores descreviam os alunos como mais contentes, mais curiosos, mais afáveis que a média, e com maiores chances de sucesso mais tarde na vida. Tudo isso devido à atitude dos professores! Os professores pensavam que os alunos eram especiais, e os alunos corresponderam às expectativas. Rosenthal escreveu:

> A explicação provavelmente resida na sutil interação entre professores e alunos: o tom da voz, expressões faciais, toques e postura podem ser os meios através dos quais — quase sempre involuntariamente — os professores comunicavam suas expectativas aos seus alunos. Tal comunicação pode ajudar uma criança, alterando sua percepção sobre si mesma.[3]

Arthur deu a Skinner muito mais do que um anel; ele lhe deu uma proclamação, uma certidão que dizia: "É isso que você vale para mim! Vale a pena salvar a sua vida. Vale a pena viver a sua vida". Ele acreditou em Skinner e, como resultado, deu a Skinner os meios e a coragem para salvar-se.

Nós temos o privilégio de fazer pelos outros o que Arthur fez por Skinner e o que Deus faz por nós. Como podemos mostrar às pessoas que acreditamos nelas?

Apareça. Nada pode substituir a sua presença. Cartas são agradáveis. Telefonemas são especiais, mas estar pessoalmente presente traz uma mensagem inconfundível.

Depois que a esposa de Albert Einstein morreu, a irmã de Albert, Maja, foi morar com ele para ajudar nos assuntos domésticos. Durante catorze anos ela cuidou dele, permitindo-lhe continuar com a sua importante pesquisa. Em 1950 ela sofreu um derrame e entrou em coma. A partir de então, Einstein passava duas horas todas as tardes lendo Platão para ela em voz alta.[4] Ela não dava sinais de entender as suas palavras, mas ele lia assim mesmo. Se ela entendia o seu gesto, certamente compreendia o seguinte: ele acreditava que ela merecia o seu tempo.

Você acredita em seus filhos? Então apareça. Apareça em seus jogos. Apareça em suas peças de teatro. Apareça em seus recitais. Pode não ser possível ir a todos, mas valerá a pena o esforço. Um presbítero em nossa igreja sempre me apóia com a sua presença. Sempre que falo em uma congregação, ele comparece. Não faz nada. Fala pouco. Simplesmente ocupa um lugar em um banco e sorri quando fazemos algum contato visual. Isso significa muito para mim. Na verdade, enquanto estou escrevendo o esboço final deste livro, ele está na sala ao lado. Dirigiu noventa minutos de sua casa até o meu esconderijo só para orar por mim. Você acredita em seus amigos? Então esteja presente com eles. Compareça às formaturas e aos casamentos. Passe tempo com eles. Você quer fazer com que alguém dê o melhor de si? Então apareça.

Escute. Você não precisa falar para encorajar. A Bíblia diz: "Todo o homem seja pronto para ouvir, tardio para falar" (Tg 1.19). Temos a tendência de falar muito e ouvir pouco. Há momentos para falar. Mas também há momentos em que devemos permanecer calados. Isso é o que o meu pai fazia. Deixar cair uma bola arremessada no jogo de beisebol pode não significar nada para muita gente, mas se você tem treze anos de idade e aspirações de jogar nos grandes times, significa muito. Este não era apenas o meu segundo erro no jogo; mas o lance que permitiu a corrida vitoriosa que conquistou os pontos.

Nem mesmo voltei para o banco. Virei na metade esquerda do campo e pulei a cerca. Estava na metade do caminho para casa quando meu pai me encontrou. Ele não disse uma palavra. Simplesmente parou o carro no acostamento, inclinou-se sobre o banco e abriu a porta do passageiro. Não dissemos nada. Não precisávamos. Ambos sabíamos que o mundo tinha terminado. Quando chegamos em casa, fui direto para o meu quarto, e ele foi direto para a cozinha. Dentro de alguns minutos ele apareceu na minha frente com leite e biscoitos. Sentou-se na minha cama e comemos juntos. Em algum momento daquela imersão de biscoitos no leite, comecei a perceber que a vida e o amor do meu pai continuariam. Na lógica da adolescência masculina, se você ama aquele que deixa a bola cair, então você realmente o ama. Meu talento como jogador de beisebol não melhorou, mas minha confiança no amor de papai, sim. Papai nunca disse nenhuma palavra. Mas apareceu. Ele ouviu. Para fazer com que alguém dê o melhor de si, faça o mesmo, e depois, quando for o caso:

Fale. Nathaniel Hawthorne chegou em casa arrasado. Ele tinha acabado de ser despedido de seu emprego na alfândega. Sua mulher, ao invés de reagir com ansiedade, surpreendeu-o com alegria: — Agora você pode escrever o seu livro!

Ele não estava tão otimista. — E de que vamos viver enquanto eu estiver escrevendo?

Para sua surpresa, ela abriu uma gaveta e mostrou-lhe um pacote de dinheiro que havia economizado em seu orçamento doméstico de limpeza. — Eu sempre soube que você era um homem de talento — ela lhe disse. — Sempre soube que você escreveria uma obra-prima.

Ela acreditou em seu marido. E graças a isso, ele escreveu. E por ele ter escrito, todas as bibliotecas da América têm uma cópia da obra: *The Scarlet Letter* [A Letra Escarlate], de Nathaniel Hawthorne.[5]

Você tem o poder de mudar a vida de alguém simplesmente através das palavras que pronuncia. "A morte e a vida estão no poder da língua" (Pv 18.21). É por isso que Paulo insiste para que tenhamos cuidado. "Não saia da vossa boca nenhuma palavra torpe, mas só a que for boa para promover a edificação, para que dê graça aos que a ouvem" (Ef 4.29).

Anteriormente eu lhe dei um teste para o amor. Também existe um teste para a língua. Antes de falar, pergunte: O que vou dizer vai ajudar os outros a se tornarem mais fortes? Por meio de suas palavras você tem a capacidade de tornar as pessoas mais fortes. Suas palavras são para a sua alma o que uma vitamina é para o seu corpo. Se você tivesse comida e visse alguém passando fome, não a dividiria? Se você tivesse água e visse alguém morrendo de sede, não a compartilharia? Claro que sim. Então, não faria o mesmo por seus corações? Suas palavras são água e comida! Não recuse encorajamento aos desencorajados. Não recuse afirmação aos derrotados! Diga as palavras que farão essas pessoas mais fortes. Acredite nelas como Deus acreditou em você.

Assim você salvará a vida de alguém.

Arthur fez isso. Seu amigo Skinner sobreviveu. Os dois homens retornaram para suas casas em Mount Carmel. Um dia, logo depois da sua chegada, Skinner foi visitar Arthur. Trazia consigo um presente. Uma caixinha. Arthur soube imediatamente do que se tratava. Era uma cópia exata do anel do colegial. Após uma pálida tentativa de fazer humor — "não perca isso; custou-me dezoito dólares" — Skinner deu ao seu amigo um cálido sorriso e disse-lhe: "Aquele anel, Artie... salvou a minha vida".[6]

Que alguém possa dizer o mesmo a você.

Que você possa dizer o mesmo a Deus.

CAPÍTULO QUATORZE

Quando a sua Esperança É Pequena

O amor... tudo espera...
1 Coríntios 13.7 (ara)

A esperança é um ramo de oliveira — a evidência de terra seca depois de um dilúvio.

Prova para o sonhador que vale a pena sonhar.

Água. Tudo o que Noé consegue ver é água. O sol da tarde está afundando na água. As nuvens se refletem nela. Sua embarcação está rodeada por água. Água. Água ao norte. Água ao sul. Água ao leste. Água ao oeste. Água.

Tudo o que Noé consegue ver é água.

Ele não se lembra quando viu alguma coisa que não fosse água. Ele e os rapazes mal tinham empurrado o último hipopótamo rampa acima quando do céu foram abertos milhares de hidrantes. Em alguns momentos o barco estava balançando, e durante muitos dias a chuva foi torrencial, e por semanas Noé vinha pensando: *Quanto tempo isto vai durar?* Choveu durante quarenta dias. Eles flutuaram durante meses. Durante meses comeram a mesma comida, sentiram os mesmos cheiros, olharam para as mesmas faces. Chega um momento em que as pessoas já não têm nada a dizer às outras.

Finalmente o barco encalhou e o balanço cessou. A esposa de Noé olhou para ele, e Noé abriu a escotilha e pôs a cabeça para fora. O casco da arca repousava no chão, mas o terreno ainda estava cercado de água. — Noé æ ela gritou, æ o que é que você está vendo?

— Água.

Enviou um corvo em uma missão de reconhecimento. O corvo nunca retornou. Enviou uma pomba. Ela voltou tremendo e exausta, por não ter encontrado lugar para pousar. Então, em determinada manhã, ele tentou outra vez. Puxou uma pomba para fora do interior da arca e subiu a escada. O sol da manhã ofuscava os olhos de ambos. Colocando a mão no peito da ave, pôde sentir as batidas de seu coração. Se tivesse posto a mão sobre o seu próprio peito, teria sentido uma pulsação diferente. Com uma oração libertou a ave, e observou até que o pássaro não fosse maior que um pequeno ponto visto através de uma janela.

Durante todo o dia esperou pelo regresso da pomba. Durante algumas tarefas, abria a escotilha e a procurava. Recusou qualquer forma de entretenimento. Antes, preferiu subir até o posto de vigia e olhar. O vento agitava o seu cabelo grisalho. O sol aquecia a sua face maltratada pelas intempéries. Mas nada aliviava o seu coração. Ele não via nada. Nada pela manhã. Nada depois do almoço. Nem mais tarde.

Agora o sol está se pondo, e o céu está escurecendo, e ele volta para dar uma última olhada, mas tudo o que vê é água. Água ao norte. Água ao sul. Água a leste. Água...

Você conhece essa sensação. Você já esteve onde Noé está agora. Você já teve a sua cota de inundações. Inundado de dor no cemitério, de estresse no escritório, de raiva pela impotência do seu corpo ou pela falta de habilidade de seu cônjuge. Você já viu a subida das águas, e provavelmente já viu o sol se pôr levando consigo as suas esperanças. Você esteve na arca de Noé.

E já precisou do que Noé precisa agora; precisou de um pouco de esperança. Você não pediu por um resgate de helicóptero, mas só ouvir o barulho de suas hélices já teria sido bom. A esperança não promete uma solução imediata, mas sim a possibilidade de uma solução final. Algumas vezes tudo o que necessitamos é de um pouco de esperança.

Isto era o que Noé necessitava. E isso foi tudo o que recebeu.

O velho marinheiro olha para o sol já dividido pelo horizonte. Seria difícil imaginar uma visão mais bonita. Mas ele teria dado esta e outras centenas dela por um acre de terra firme e um cacho de uvas. A voz da senhora Noé recorda-lhe que o jantar está na mesa e que ele deve trancar a escotilha. Está pronto para considerar o dia terminado, quando ouve o arrulhar de uma pomba. Assim a Bíblia descreve este momento: "E a pomba voltou a ele sobre a tarde; e eis, arrancada, uma folha de oliveira no seu bico; e conheceu Noé que as águas tinham minguado sobre a terra" (Gn 8.11).

Um ramo de oliveira. Noé já teria ficado contente só de ter o pássaro de volta, mas ter o ramo! Esse ramo era mais do que uma folhagem; era uma promessa. A ave trouxe mais do que o pedaço de uma árvore; trouxe esperança. A esperança não é exatamente isso? A esperança é um ramo de oliveira — a evidência de terra seca depois de um dilúvio. Prova para o sonhador que vale a pena sonhar.

Nós não amamos os ramos de oliveira de nossa vida?

"Parece que o câncer está retrocedendo".

"Posso ajudar-lhe financeiramente".

"Vamos passar por isso juntos".

Além disso, não amamos as pombas que trazem os ramos de oliveira? Quando o pai caminha ao lado do seu filho de coração partido pela primeira vez, ele lhe dá um ramo de oliveira. Quando uma esposa casada há muitos anos consola uma esposa recém-casada, quando ela lhe diz que os conflitos surgem, que todos os casais enfrentam momentos difíceis, e que essas tempestades passam, você sabe o que ela está fazendo? Está dando um ramo de oliveira.

Nós amamos os ramos de oliveira. E amamos quem os traz.

Talvez seja essa a razão pela qual amamos Jesus.

Ele se põe ao lado de uma mulher que foi arrancada de uma cama de promiscuidade. Ela ainda está atordoada pelo ataque repentino. Uma porta se abriu com violência, as cobertas foram puxadas e a confraria da polícia moral invadiu o lugar. E agora ela está aqui. Noé não conseguia ver nada exceto água. Ela não consegue ver nada exceto ira. Ela está sem esperança.

Mas então Jesus diz: "Aquele que dentre vós está sem pecado seja o primeiro que atire pedra contra ela" (Jo 8.7). Silêncio. Tanto os olhos como as pedras dos acusadores se encontram com o chão. Depois de alguns momentos todos já partiram, e Jesus fica sozinho com a mulher. A pomba dos céus lhe oferece um ramo de oliveira.

> Mulher, onde estão aqueles teus acusadores? Ninguém te condenou? E ela disse: Ninguém, Senhor. E disse-lhe Jesus: Nem eu também te condeno; vai-te e não peques mais (v. 10,11).

Em meio ao seu mundo inundado de vergonha Ele lhe traz um ramo de esperança.

O Senhor faz algo parecido com Marta. Ela oscila em um mar de sofrimento. Seu irmão está morto. Seu corpo foi enterrado. E Jesus, bem, Jesus parece estar atrasado. "Se tu estivesses aqui, meu irmão não teria morrido". Penso que agora ela deve ter feito uma pausa. "Mas também, agora, sei que tudo quanto pedires a Deus, Deus to concederá" (Jo 11.21,22). Assim como Noé abriu sua escotilha, Marta abriu o seu coração. Assim como a pomba, Jesus trouxe-lhe um ramo de oliveira.

> Eu sou a ressurreição e a vida; quem crê em mim, ainda que esteja morto, viverá; e todo aquele que vive e crê em mim nunca morrerá. Crês tu isso? Disse-lhe ela: 'Sim, Senhor, creio que tu és o Cristo, o Filho de Deus, que havia de vir ao mundo' (Jo 11.25-27).

Como Ele pôde proferir estas palavras? Quem era Ele para fazer tal afirmação? O que lhe dava o direito de oferecer graça a uma mulher e fazer uma promessa de ressurreição a outra? É simples. Ele fez o que a pomba fez. Atravessou o limite da terra do futuro e viajou entre as árvores. E do bosque da graça arrancou um ramo para a mulher. E da árvore da vida puxou um broto para Marta.

E de ambas Ele traz ramos para você. Da graça e da vida. Perdão para os pecados. Vitória sobre a morte. Essa é a esperança que Ele traz. Essa é a esperança que necessitamos.

Em seu livro *The Grand Essentials* (*Os Grandes Fundamentos*), Ben Patterson fala de um submarino S-4 que afundou na costa de Massachusetts. Toda a tripulação ficou presa. Todos os esforços foram feitos para resgatar os marinheiros, mas todos fracassaram. Quase no final da missão, um mergulhador de águas profundas ouviu leves batidas na parede de aço do submarino afundado. Quando encostou seu capacete contra a embarcação, percebeu que estava ouvindo um marinheiro perguntando em código Morse: "Há alguma esperança?".[1]

Para a pessoa culpada que fizer essa pergunta, Jesus responderá "Sim!"

Para a pessoa desenganada que fizer essa pergunta, Jesus responderá "Sim!"

Para todos os Noés do mundo, aqueles que procuram no horizonte um pontinho de esperança, Ele declara: "Sim!" E Ele vem. Vem como uma pomba. Vem carregando frutos de uma terra distante, de nosso futuro lar. Ele vem com um ramo de esperança.

Você recebeu o seu? Não pense que a sua arca está isolada demais. Não pense que a sua inundação é grande demais. Para Deus, seu mais severo desafio não é nada além de grampos para cabelo e elásticos. *Grampos para cabelo e elásticos?*

Minha irmã mais velha costumava dar-me essas coisas quando eu era criança. Eu subia em meu triciclo e passeava pela calçada, fingindo que os grampos eram chaves e que o meu triciclo era um caminhão. Mas um dia eu perdi as "chaves". Crise! O que faria agora? Minha busca não produziu nada além de lágrimas e medo. Mas quando confessei meu erro à minha irmã, ela apenas sorriu. Como era dez anos mais velha que eu, tinha uma perspectiva melhor.

Deus também tem uma perspectiva melhor. Com o devido respeito, nossas piores batalhas são, do seu ponto de vista, nada mais do que grampos e elásticos perdidos. Ele não se confunde, não se sente desconcertado nem desencorajado.

Receba essa esperança, está bem? Receba-a porque você precisa dela. Receba-a para que possa compartilhá-la com outros.

O que você imagina que Noé fez com sua esperança? O que você acha que ele fez com o ramo de oliveira? Será que o atirou para fora da arca, na água, e se esqueceu dele? Você acha que ele guardou o ramo em seu bolso para colocá-lo em um álbum? Ou você acha que ele deu um grito de alegria, "reuniu sua tropa", e passou o ramo de mão em mão como o Diamante de Esperança que era?

Com certeza ele gritou de alegria. É isso o que se faz com a esperança. O que você faz com os ramos de oliveira? Você os passa de mão em mão. Você não fica com eles enfiados no seu bolso. Você os dá para aqueles a quem ama. O amor sempre tem esperança. "O amor... tudo sofre, tudo crê, *tudo espera*, tudo suporta" (1 Co 13.4-7, ARA, ênfase do autor).

O amor produz esperança em você.

O jovem aspirante a escritor estava precisando de esperança. Muitas pessoas lhe haviam dito para desistir. "É quase impossível conseguir que seu trabalho seja publicado", disse-lhe um orientador. "A menos que você seja uma celebridade nacional, os editores nem sequer falarão com você". Outro avisou: "Escrever toma muito tempo. Além disso, você não vai querer colocar todos os seus pensamentos no papel".

No início ele ouviu. Concordou que escrever era um desperdício de esforço e voltou sua atenção a outros projetos. Mas de alguma forma, a caneta e o bloco de notas eram como o café e a Coca-Cola para o viciado em palavras. Ele preferia escrever a ler. Então escrevia. Quantas noites ele passava naquele sofá, em um canto do seu apartamento, misturando sua coleção de verbos e substantivos? E quantas horas sua mulher lhe fez companhia? Ele fazendo artesanato com as palavras. Ela bordando em ponto cruz. Por fim, ele terminou um manuscrito. Cru e cheio de erros, mas terminado.

Ela lhe deu o empurrão que faltava. — Por que você não o envia? Que mal há nisso?

Então ele fez isso. Enviou o manuscrito a quinze diferentes editores. Enquanto o casal esperava, ele escrevia. Enquanto ele escrevia, ela bordava. Nenhum deles tinha muitas expectativas, mas ambos esperavam. As respostas começaram a chegar. "Sentimos muito, mas não aceitamos manuscritos não solicitados". "Estamos devolvendo o seu trabalho. Felicidades". "Não temos espaço em nosso catálogo para autores nunca dantes publicados".

Ainda tenho essas cartas. Em uma pasta, em algum lugar. Encontrá-las levaria algum tempo. No entanto, encontrar o bordado de Denalyn não leva tempo algum. Para vê-lo, tudo o que tenho que fazer é levantar os olhos do meu monitor e olhar para a parede. "Entre todas as artes nas quais os sábios são proficientes, a maior obra-prima da natureza é escrever bem".

Com isso ela me deu tempo para que a carta número quinze chegasse. Um editor tinha dito sim. Aquela carta também está emoldurada. Qual dos dois quadros significa mais para mim? O presente da minha esposa ou a carta do editor? O presente, claro. Ao dar-me o presente, Denalyn deu-me esperança.

O amor faz isso. O amor estende um ramo de oliveira à pessoa amada e diz: "Eu tenho esperança em você".

O amor é igualmente rápido em dizer: "Eu tenho esperança *por* você". Você pode dizer essas palavras. Você é um sobrevivente da inundação. Por meio da graça de Deus você encontrou o seu caminho em terra seca. Você sabe bem o que é ver as águas baixarem. E uma vez que você sabe, uma vez que passou por uma inundação e sobreviveu para falar sobre ela, está qualificado a dar esperanças a outras pessoas.

O quê? Você não consegue pensar em nenhuma inundação em seu passado? Deixe-me sacudir a sua memória.

Que tal a adolescência? Lembra-se da enxurrada nos anos da adolescência? Lembra-se dos hormônios e dos comprimentos dos vestidos? A puberdade e as espinhas? Aqueles foram tempos difíceis. *Certo*, você estará pensando, *mas você sobreviveu a eles*. É exatamente isso que os adolescentes querem ouvi-lo dizer. Eles precisam de um ramo de oliveira de um sobrevivente.

Também os jovens casais. Acontece em todos os casamentos. A lua de mel acaba, e o rio do romance se torna o rio da realidade, e ambos se perguntam se conseguirão sobreviver. Você pode dizer-lhes que sim. Você já passou por isso. Não foi fácil, mas você sobreviveu. Você e seu cônjuge encontraram terra firme. Por que você não arranca um ramo de oliveira e o leva à arca de alguém que esteja em dificuldades?

Você alcançou a cura de um câncer? Algum enfermo de câncer precisa ouvir isso de você. Você enterrou um cônjuge e conseguiu sorrir novamente? Então encontre pessoas que recentemente se tornaram viúvas e caminhe ao seu lado. As suas experiências lhe permitem participar da brigada de pombos. Você tem uma oportunidade — na verdade, uma obrigação — de dar esperanças àqueles que estão na arca.

Lembra-se da advertência de Paulo?

Bendito seja o Deus e Pai de nosso Senhor Jesus Cristo, o Pai das misericórdias e o Deus de toda consolação, que nos consola em toda a nossa tribulação, para que também possamos consolar os que estiverem em alguma tribulação, com a consolação com que nós mesmos somos consolados de Deus (2 Co 1.3,4).

Encoraje aqueles que estão lutando. Você não sabe o que dizer? Então abra a sua Bíblia. Os ramos de oliveira para o cristão são os versículos das Escrituras. "Porque tudo que dantes foi escrito para nosso ensino foi escrito, para que, pela paciência e consolação das Escrituras, tenhamos esperança" (Rm 15.4).

Você tem uma Bíblia? Você conhece um Noé? Então comece a distribuir os ramos.

Para alguém atingido pela tristeza: "Porque ele [Deus] disse: Não te deixarei, nem te desampararei" (Hb 13.5).

Para alguém dominado pela culpa: "Nenhuma condenação há para os que estão em Cristo Jesus, que não andam segundo a carne, mas segundo o espírito" (Rm 8.1).

Para o desempregado: "Sabemos que todas as coisas contribuem juntamente para o bem daqueles que amam a Deus" (Rm 8.28).

Para aquele que se sente distante da graça de Deus: "Para que todo aquele que nele crê não pereça, mas tenha a vida eterna" (Jo 3.16).

A sua Bíblia é uma cesta de ramos. Você não gostaria de compartilhá-los? Eles causam um impacto surpreendente. Depois de receber o seu, Noé se tornou outro homem. "E conheceu Noé que as águas tinham minguado sobre a terra" (Gn 8.11). Ele subiu a escada com perguntas e desceu com confiança.

Que diferença faz um ramo!

CAPÍTULO QUINZE

Ele Poderia Ter Desistido

O amor... tudo suporta.
1 Coríntios 13.4-7 (ARA)

Em qualquer ponto do caminho Ele poderia ter dado o basta...

Ao ver o chão empoeirado de sua casa em Nazaré.

Quando José lhe deu um trabalho a fazer.

Quando seus companheiros de escola estavam cochilando.

Durante a leitura da Torá, a sua Torá.

Quando o vizinho tomou o seu nome em vão.

Quando o fazendeiro preguiçoso culpou a Deus por sua escassa colheita.

A qualquer momento Jesus poderia ter dito: Chega! Já chega!

"Vou para casa". Mas Ele não o fez.

Ele não o fez, porque Ele é amor.

Ele poderia ter desistido. Ninguém teria sabido de qualquer forma. Jesus poderia ter desistido.

Um olhar para o ventre já poderia tê-lo desencorajado. Deus é tão livre quanto o ar e tão ilimitado quanto o céu. Ele reduziria o seu mundo ao ventre de uma jovem durante nove meses?

Nove meses? Aqui está outra razão para desistir. No céu não há "meses". Ou talvez, melhor dizendo, o céu tem todo o tempo. O nosso tempo é que está se acabando. O nosso tempo passa tão depressa que a nossa medida é o segundo. Cristo não teria preferido ficar do outro lado da cadeia do tempo?

Ele poderia ter feito isso. Poderia ter desistido. Ou, pelo menos poderia não ter ido tão longe. Tinha que tornar-se *carne*? Por que não tornar-se luz? Eis uma idéia. O céu poderia se abrir e Cristo viria à terra sob a forma de uma luz branca. E então da luz sairia uma voz, uma voz estrondosa, aterradora, de bater os dentes. Agora só faltaria uma rajada de vento e os anjos cantando ao fundo, e o mundo inteiro tomaria conhecimento!

Da maneira como tudo aconteceu, por ocasião de sua vinda, quase ninguém o percebeu. Em Belém não houve nenhuma parada ou desfile. A cidade não ofereceu um banquete. Você talvez achasse que teria sido apropriado decretar um feriado. Pelo menos algumas flâmulas no estábulo.

E o estábulo? Também não é outra razão para Cristo recuar? Estábulos são mal-cheirosos, sujos. Estábulos não têm piso de linóleo nem balões de oxigênio. Como vão cortar o cordão umbilical? E quem vai cortar o cordão umbilical? José? Um simples carpinteiro inexperiente, de uma cidade que tinha apenas um camelo? Não há por aí um pai melhor para Deus? Alguém instruído, um "doutor"? Alguém com um pouquinho de influência? José não tinha qualquer influência; nem mesmo para conseguir um quarto de hotel. Você acha que ele tem os atributos necessários para ser o pai do Criador do universo?

Jesus poderia ter desistido. Imagine a mudança que Ele teve que sofrer, a distância que teve que viajar. Como será que Ele se sentiu ao tornar-se carne?

Essa pergunta apareceu recentemente, quando eu estava jogando golfe. Esperando o momento de dar minha tacada, agachei-me para limpar a bola e observei uma montanha de formigas ao lado dela. Devia haver dúzias delas, uma em cima da outra. Uma pirâmide, de pelo menos um centímetro e meio de altura, que se movia.

Não sei o que você pensa quando vê formigas no gramado onde está jogando golfe. Mas isso foi o que eu pensei: *Por que vocês estão aqui todas amontoadas? Vocês têm o gramado inteiro. Ora, vocês podem esparramar-se por todo o campo de golfe.* Então me ocorreu um pensamento. Essas formigas são nervosas. Quem poderia culpá-las? Vivem sob uma constante chuva de meteoros. A cada poucos minutos uma esfera ondulada chega e atinge o seu mundo. *Bam! Bam! Bam!* Quando o bombardeio cessa, chegam os gigantes carregadores de tacos. Aquelas que sobreviverem aos seus pés e bastões, correm o risco de serem atingidas pelos meteoros. Um campo de golfe não é lugar para uma formiga.

Então tentei ajudá-las. Curvando-me para que pudessem me ouvir, convidei-as: "Venham comigo, sigam-me. Vamos encontrar um lugar agradável na grama. Eu conheço bem este lugar". Nenhuma olhou em minha direção. "Ei, formigas!" Nenhuma resposta. Então me dei conta de que *Eu não sei falar a língua delas*. Eu não falo "formiguês". Sou bastante fluente em minha própria língua, mas não falo "formiguês".

Então o que eu poderia fazer para alcançá-las? Apenas uma coisa. Precisava transformar-me em formiga. Encolher da minha altura de aproximadamente um metro e noventa centímetros para alguns milímetros. Passar dos meus noventa e tantos quilos para alguns miligramas. Trocar o meu grande mundo pelo mundinho delas. Desistir dos hambúrgueres e passar a comer grama. "Não, obrigado", eu disse. Além disso, era a minha vez de jogar.

O amor viaja distâncias... e Cristo viajou da eternidade ilimitada para ser confinado pelo tempo, para tornar-se um de nós. Ele não precisava fazer isso. Poderia ter desistido. Em qualquer ponto do caminho Ele poderia ter dado o basta.

Ao ver o tamanho do ventre, Ele poderia ter parado.

Ao ver a mãozinha que teria, a vozinha com que falaria, a fome que a sua barriguinha sentiria, poderia ter parado. Na primeira corrente de ar do estábulo mal-cheiroso, no primeiro golpe de ar frio. A primeira vez que machucasse o joelho, ou assoasse o nariz, ou provasse pão queimado, poderia ter feito a volta e ido embora.

Ao ver o chão empoeirado de sua casa em Nazaré. Quando José lhe deu um trabalho a fazer. Quando seus companheiros de escola estavam cochilando durante a leitura da Torá, a sua Torá. Quando o vizinho tomou o seu nome em vão. Quando o fazendeiro preguiçoso culpou a Deus por sua escassa colheita. A qualquer momento Jesus poderia ter dito: "Chega! Já chega! Vou para casa". Mas Ele não o fez.

Ele não o fez, porque Ele é amor. E "o amor... tudo suporta" (1 Co 13.4-7). Ele suportou a distância. E mais ainda, suportou a oposição.

"E o Verbo se fez carne e habitou entre nós, e vimos a sua glória" (Jo 1.14).

"Vimos a sua glória". O que João quis dizer com essas palavras? Será que ele viu em Cristo lampejos do céu? Eventuais imagens, ainda que inesquecíveis, como se fossem gasolina em chamas? Será que Cristo eventualmente abriu sua capa de humanidade e permitiu a passagem de um raio de glória?

Uma das pessoas mais assíduas da nossa congregação é David Robinson. David é um homem grande. Mede quase dois metros e vinte centímetros e pesa cerca de cento e cinco quilos. Ele tem seis por cento de gordura em seu corpo (eu tenho essa quantidade em apenas uma coxa). Ele é um campeão de basquete (NBA MVP, campeão da NBA e um All-Star da NBA). Mas David não é apenas isso. Ele é muito mais. Ele ama a Deus e as crianças. Por isso, não é difícil imaginar a cena que descreverei a seguir.

Digamos que o David que tem um grande coração aceita jogar uma partida contra uma garota de seis anos de idade. Ela pede, ele concorda. Só por diversão. Os dois estão na mesma quadra, jogando com a mesma bola, jogando o mesmo jogo, mas todos sabem que esse não é o mesmo David. Este é um David moderado. Um David contido. A maneira como ele joga normalmente contra, por exemplo, Saquilla O'Neil, é diferente da maneira como joga contra esta menina.

Suponha que algum brigão comece a zombar da garotinha. Suponha que até mesmo saia da arquibancada e ofenda a garota. Dizendo nomes feios, rouba-lhe a bola. Devolve-a à garota com tanta força que ela cai. Você sabe o que o David poderia fazer. David poderia transformar-se no David das quadras por alguns momentos. Poderia simplesmente aceitar o desafio e pegar o brigão e mergulhá-lo na cesta como se fosse uma rosquinha no café.

Por apenas alguns momentos, o verdadeiro David poderia ter aparecido.[1]

Houve momentos em que o verdadeiro Jesus aparecia. Na maior parte do tempo Ele se continha. Mas havia momentos em que abria a capa. Houve momentos em que Ele não pôde suportar mais nenhuma das provocações do inferno.

Quando a tempestade amedrontou seus discípulos, Ele se levantou e abriu a capa: "Não temais!". Quando a morte de Lázaro partiu o coração de seus amigos, Ele entrou no cemitério e abriu a capa: "Vem para fora!" Quando a doença roubou a alegria de seus filhos, Ele tocou a lepra com o seu poder: "Quero... sê limpo!"

"Por um momento" — João deve ter suspirado quando escreveu essas palavras — "vimos a sua glória".

Poucos, como João, tiveram o privilégio de, maravilhados, contemplar a visão. Outros não a viram. Perderam a visão da glória de Deus. Por algum motivo, perderam-na. Como reagiram à sua presença?

"Riram-se dele" (Mt 9.24).

"Muitos deles diziam: Tem demônio e está fora de si; por que o ouvis?" (Jo 10.20).

"Os que passavam blasfemavam dele, meneando a cabeça" (Mc 15.29).

"Os fariseus, que eram avarentos, ouviam todas essas coisas e zombavam dele" (Lc 16.14).

Assim Isaías profetizou sua recepção: "Era desprezado e o mais indigno entre os homens" (Is 53.3).

João resumiu a rejeição com estas palavras: "Estava no mundo, e o mundo foi feito por ele e o mundo não o conheceu. Veio para o que era seu, e os seus não o receberam" (Jo 1.10,11).

Como Cristo suportou ser tratado assim? A qualquer momento Ele poderia ter dito: "Desisto. Já tive o suficiente". Por que não fez isso? O que impediu que Ele desistisse?

Eu me pergunto se Lee Ielpi compreende a resposta. Ele é um bombeiro aposentado, um bombeiro da cidade de Nova York. Dedicou vinte e seis anos de sua vida à cidade. Mas no dia 11 de setembro de 2001, ele deu muito mais. Deu o seu filho. Jonathan Ielpi também era um bombeiro. Ele estava no interior das Torres Gêmeas quando elas desabaram.

Os bombeiros formam uma comunidade leal. Quando um deles morre no cumprimento do dever, o corpo é deixado ali até que outro bombeiro que o conheça possa vir e literalmente apanhá-lo. Lee decidiu que encontrar o corpo do seu filho seria sua missão pessoal. Ele escavou diariamente com dúzias de companheiros aquele cemitério de seis mil e quinhentos hectares. Na terça-feira, 11 de dezembro, três meses depois do desastre, seu filho foi encontrado. E Lee estava lá para carregá-lo.[2]

Ele não desistiu. O pai não desistiu. Ele se recusou a ir embora. Por quê? Porque o amor por seu filho era maior do que a dor da procura. Será que não podemos dizer o mesmo a respeito de Cristo? Por que Ele não desistiu? Por que o amor por seus filhos era maior do que a dor da jornada. Ele veio para nos encontrar. O nosso mundo estava desmoronado. Por isso Ele veio. Você estava morto, morto no pecado. Por isso Ele veio. Ele o ama. Esta é a razão de sua vinda.

Por isso Ele suportou a distância entre Ele e você. "O amor... *tudo suporta*".

Por isso Ele suportou a nossa oposição. "O amor... *tudo suporta*".

Por isso Ele foi até o passo final da encarnação: "Àquele que não conheceu pecado, [Deus] o fez pecado por nós; para que, nele, fôssemos feitos justiça de Deus" (2 Co 5.21).

Por que Jesus fez isso? Só há uma resposta. E essa resposta tem uma só palavra. Amor. E o amor de Cristo "tudo sofre, tudo crê, tudo espera, tudo suporta" (1 Co 13.7).

Pense nisto por um momento. Beba-o por um momento. Beba intensamente. Não apenas um pequeno gole. É hora de engolir tudo. É hora de deixar que o amor de Cristo envolva todos os aspectos de sua vida. Todos os segredos. Todas as feridas. Todas as horas de infelicidade, todos os minutos de preocupação.

Aquelas manhãs em que você acordou na cama de uma pessoa estranha? Seu amor cobrirá isto. Os anos em que você se dedicava ao orgulho e ao preconceito? Seu amor cobrirá isto. Cada promessa quebrada, cada droga tomada, cada centavo roubado. Cada palavra inflexível, enfurecida ou áspera. Seu amor cobre todas as coisas.

Permita que isto aconteça. Descubra com o salmista: Ele "te coroa de benignidade e de misericórdia" (Sl 103.4). Imagine um enorme caminhão basculante cheio de amor. Você está atrás dele. Deus começa a descarregar o amor, lentamente no início, depois mais e mais até que você esteja completamente coberto por seu amor, imerso em seu amor.

— Ei, onde você está? — alguém pergunta.

— Estou aqui, coberto de amor.

Deixe que o amor cubra todas as coisas.

Faça-o por amor a Ele. Para a glória do seu nome.

Faça-o por amor a si mesmo. Pela paz do seu coração.

E faça-o pelo bem das outras pessoas. Das pessoas que fazem parte de sua vida. Permita que o amor de Deus esteja sobre você, para que o seu amor possa estar sobre elas.

CAPÍTULO

DEZESSEIS

UM AMOR INFALÍVEL

O amor... nunca falha.
1 Coríntios 13.8
(tradução livre do inglês)

Deus o ama simplesmente porque decidiu amá-lo.

Ele o ama quando você não se sente amável.

Ele o ama quando ninguém mais o ama.

Outros podem abandoná-lo, divorciar-se ou ignorá-lo,

Mas Deus o amará.

Sempre.

Aconteça o que acontecer.

Meu amigo Mike conta como Raquel, sua filha de três anos de idade, perdeu o equilíbrio e bateu a cabeça no canto de um aquecedor elétrico. Depois de chorar um pouco, ela desmaiou. Seus pais correram para o hospital, onde os exames revelaram uma fratura de crânio.

Bastante traumático para uma criança. Bastante traumático para uma mamãe e um papai. Raquel esteve em observação durante a noite e depois foi enviada para casa. Passou alguns dias quietinha. Compreensível. Porém Mike soube que ela estava bem na manhã em que a ouviu falando sozinha. Ele ainda estava na cama, e ela estava em seu quarto no fim do corredor. "Ursinho? Cãozinho? Carneirinho? Bebê?". Mike sorriu. Ela estava fazendo a chamada no seu berço, certificando-se de que seus amiguinhos estavam todos presentes. Afinal, ela tinha passado por alguns maus momentos, e queria ter certeza de que tudo estava em ordem.

Depois de alguns momentos de silêncio, ela continuou. "Nariz? Olhos? Cabelo? Mão?" Tendo verificado a presença de seus amiguinhos, Raquel estava agora fazendo o seu próprio inventário.

Suponhamos que façamos como ela? Antes de terminar este livro, façamos esse inventário. Façamos o inventário dos nossos relacionamentos. Pense por um momento sobre as pessoas do seu mundo. Se quiser escrever alguns nomes na margem, vá em frente. Seu marido, mulher, filhos, professores, amigos, pais, colegas de trabalho. Pense um pouco. Quem são as pessoas de seu círculo no mundo?

Enquanto os nomes vão aparecendo, deixe-me sussurrar um lembrete. Eles não são valiosos? Não são essenciais? Esses relacionamentos não valem qualquer esforço para que permaneçam saudáveis? Claro, as pessoas podem ser difíceis. Mas ainda assim, o que é mais importante do que as pessoas?

Pense da seguinte forma. Quando estiver nos últimos dias da sua vida, o que você irá querer? Quando a morte estender as mãos para você, onde procurará conforto? Você abraçará aquele diploma emoldurado? Pedirá para ser levado até a garagem para poder sentar-se em seu carro? Encontrará conforto relendo seus extratos bancários ou sua declaração de bens? Claro que não. O importante então serão as pessoas. Se os relacionamentos serão o mais importante nessa ocasião, por que não o seriam agora?

Então, o que você pode fazer para fortalecê-los? Seguir o exemplo de Raquel pode ser um bom começo. Ela fez o inventário de suas mãos e de seu cabelo; façamos o inventário de nossos corações. Estou vivendo na abundância do amor de Deus? Quanto amor sinto pelas pessoas que fazem parte de minha vida? Será que a maneira como trato as pessoas reflete a maneira como Deus me trata?

Amar as pessoas nem sempre é fácil. Na verdade, este livro deve ter sido um desafio para alguns de vocês. Vocês foram forçados a pensar outra vez em algumas pessoas de sua vida que consideram difícil amar. Este é um problema sério. Não é fácil amar aqueles que foram a causa de muita dor de cabeça, abusos, ofensas, rejeição ou solidão. Alguns de vocês se perguntam como é possível amar as pessoas que causaram tanto sofrimento. Então o que vocês podem fazer?

A sabedoria convencional diz que a falta de amor é o resultado da falta de esforço; por esta razão devemos tentar com mais vontade, ir mais fundo, fazer um esforço maior.

Mas será que a falta de amor implica alguma outra coisa? Será que não estamos saltando uma etapa? Uma etapa essencial? Será que não estamos tentando dar aquilo que não temos? Será que não nos esquecemos de receber primeiro?

A mulher em Cafarnaum não se esqueceu. Lembra-se dela, no primeiro capítulo? Lembra-se de como esbanjou seu amor para com Cristo? Lavando seus pés com lágrimas. Secando seus pés com os seus cabelos. Se o amor fosse uma cachoeira, ela seria o Niágara.

E Simão? Bem, Simão seria o Saara. Seco. Rude. Áspero. Seu coração árido nos surpreende. Era ele que freqüentava a igreja; era o pastor, o seminarista. Ela, por outro lado, era a prostituta da cidade. A quantidade de informações bíblicas que ele esqueceu era muito maior do que todo o conhecimento dela. Mas ela descobriu uma verdade que, de alguma maneira, Simão tinha deixado passar: o amor de Deus não tem limites.

O amor de Deus está de acordo com a nossa passagem final. "O amor", diz Paulo, "nunca falha" (1 Co 13.8 TRADUÇÃO LIVRE DO INGLÊS).

O verbo que Paulo usa para a palavra *falha* é usado em outro trecho para descrever a morte de uma flor quando esta cai ao chão, murcha e se deteriora. A palavra traz o significado de morte, abolição e anulação. O amor de Deus, segundo o apóstolo, nunca cairá no chão, murchará ou se deteriorará. Por sua própria natureza, é permanente. Nunca se extingue.

O amor "durará eternamente" (NLT).

O amor "nunca morre" (MSG).

O amor "nunca acaba" (RSV).

O amor "é eterno" (TEV, NTLH).

O amor de Deus "nunca chegará ao fim" (NEB).
"O amor jamais acaba" [ARA].
"O amor jamais se acaba" [TB].
"A caridade [amor] nunca falha" [ARC].

O amor de Deus nunca falha.

Os governos cairão, mas o amor de Deus permanecerá. Os reinos são temporários, mas o amor é eterno. O seu dinheiro pode acabar, mas o amor de Deus jamais.

Como pode Deus ter um amor como este? Ninguém tem um amor inesgotável. Ninguém consegue amar com perfeição. Você está certo. Ninguém consegue. Mas Deus não é um ser humano. Diferentemente do nosso amor, o dEle nunca falha. Seu amor é imensamente diferente do nosso.

Nosso amor depende de quem vai receber o amor. Se mil pessoas passarem em nossa frente, não sentiremos o mesmo em relação a cada uma delas. Nosso amor é regido pelas aparências, pelas personalidades. Mesmo quando encontramos algumas pessoas de quem gostamos, nossos sentimentos variam. A maneira como as pessoas nos tratam afetam o nosso amor por elas. O receptor regula o nosso amor.

Não é assim com o amor de Deus. Não temos nenhuma influência termostática sobre o seu amor por nós. O amor de Deus nasce dentro dEle, e não a partir daquilo que Ele encontra em nós. O seu amor não tem motivo, é espontâneo. Como disse Charles Wesley: "Ele nos amou. Ele nos amou. Porque Ele quis nos amar".[1]

Ele nos ama por nossa bondade? Por nossa amabilidade? Por nossa grande fé? Não, Ele nos ama por *sua* bondade, por sua amabilidade, e por sua grande confiança. João apresenta isso da seguinte maneira: "Nisto está o amor: não em que nós tenhamos amado a Deus, mas em que ele nos amou" (1 Jo 4.10).

Esse pensamento não o conforta? O amor de Deus não depende do seu amor por Ele. A abundância de seu amor não aumenta o dEle. A falta de seu amor não diminui o dEle. A nossa bondade não acentua o amor dEle, nem a nossa fraqueza o dilui. O que Moisés disse a Israel é o que Deus nos diz:

> O Senhor não tomou prazer em vós, nem vos escolheu, porque a vossa multidão era mais do que a de todos os outros povos, pois vós éreis menos em número do que todos os povos, mas porque o Senhor [simplesmente] vos amava... (Dt 7.7,8).

Deus o ama simplesmente porque decidiu amá-lo. Ele o ama quando você não se sente amável. Ele o ama quando ninguém mais o ama. Outros podem abandoná-lo, deixá-lo ou ignorá-lo, Mas Deus o amará. Sempre. Aconteça o que acontecer.

Este é o seu sentimento: "Chamarei meu povo ao que não era meu povo; e amada, à que não era amada" (Rm 9.25).

Esta é a sua promessa. "Com amor eterno te amei; também com amável benignidade te atraí" (Jr 31.3).

Você sabe o que mais isso quer dizer? Que você tem um profundo poço de onde pode extrair amor. Quando julgar que está difícil amar, então estará precisando de um gole! Beba intensamente! Beba diariamente!

Não se esqueça, o amor faz parte do fruto. Entre no pomar da obra de Deus; qual é a primeira parte do fruto que você vê? "*Amor*, gozo, paz, longanimidade, benignidade, bondade, fé, mansidão, temperança" (Gl 5.22, ênfase do autor).

O amor é um fruto. Fruto de quê? Do seu trabalho árduo? Da sua profunda fé? Das suas decisões rigorosas? Não. O amor é o fruto do Espírito de Deus. "O fruto do Espírito é..." (Gl 5.22).

Isso é muito importante, você é um ramo da videira de Deus. "Eu sou a videira, vós, as varas" (Jo 15.5). Você precisa de uma reciclagem sobre a função da videira? Qual é a função dos ramos no nascimento do fruto? Os ramos não gastam muita energia. Você nunca ouviu falar de algum jardineiro tratando ramos exaustos. Os ramos não freqüentam clínicas para controle do estresse. Nem grunhem ou gemem: "Eu tenho que produzir essa uva! Eu tenho que produzir essa uva! Vou produzir essa uva ainda que isso me mate!"

Não, o ramo não faz nada disso. O ramo tem apenas uma função — receber a sua nutrição da videira. E você tem apenas uma função — ser nutrido por Jesus. "Eu sou a videira, vós, as varas; quem está em mim, e eu nele, este dá muito fruto, porque sem mim nada podereis fazer" (Jo 15.5).

Não temos nenhum argumento contra a parte final desta declaração de Nosso Senhor, não é verdade? Aprendemos pelo caminho mais difícil æ separados dEle não conseguimos produzir nada. Você não acha que já é hora de aprender o que acontece se nos mantivermos ligados a Ele?

O trabalho do Senhor é fazer com que demos frutos. O nosso trabalho é permanecer ligados a Ele. Quanto mais firmemente estivermos ligados a Jesus, mais pura será a maneira como o seu amor passará através de nós. E que amor é esse! Paciente. Bom. Não é invejoso. Não se vangloria. Não é orgulhoso.

Vamos escrever 1 Coríntios 13.4-8 uma vez mais. Não com o seu nome ou com o nome de Jesus, mas com ambos. Leia esta passagem em voz alta com o seu nome nos espaços, e pense a respeito.

> Cristo em __________ é paciente, Cristo em __________
> é benigno. Cristo em __________ não arde em ciúmes,
> Cristo em __________ não se ufana, Cristo em __________
> não se ensoberbece. Cristo em __________ não se conduz

inconvenientemente, Cristo em __________ não procura os seus interesses. Cristo em __________ não se exaspera, Cristo em __________ não se ressente do mal. Cristo em __________ não se alegra com a injustiça, mas regozija-se com a verdade. Cristo em __________ tudo sofre, tudo crê, tudo espera, tudo suporta. Cristo em __________ jamais acaba. (Adaptado da ARA.)

Será que algum dia amaremos assim? Será que amaremos com perfeição? Não. Deste lado do céu somente Deus o faz. Mas amaremos melhor do que temos amado.

Quando a bondade se parecer com a má vontade, nos lembraremos da sua bondade para conosco e lhe pediremos que nos torne mais bondosos. Quando nossa paciência estiver escassa, agradeceremos ao Senhor e lhe pediremos que nos torne mais pacientes. Quando for difícil perdoar, não faremos uma lista de todas as vezes que sofremos. Ao invés disso, faremos uma lista de todas as vezes que obtivemos graça e oramos para que pudéssemos perdoar mais. Receberemos antes para podermos dar depois. Beberemos intensamente de seu amor celestial inesgotável. E quando o fizermos, descobriremos um amor que vale a pena.

GUIA DE ESTUDOS

Aprenda a Compartilhar Um Amor que Vale a Pena

Por Steve Halliday

CAPÍTULO UM

O PRINCÍPIO 7.47

Lembrando-se do Amor

1. Não podemos dar aquilo que nunca recebemos. Se nunca recebemos amor, como poderemos amar os outros?

   A. Você concorda que não podemos dar o que nunca recebemos? Explique.

   B. Como alguém "recebe" amor? Como alguém "recusa" amor?

   C. Você recebeu o amor de Deus? Explique.

2. Nossos relacionamentos precisam ser mais do que um gesto social. Alguns maridos/esposas precisam que seus pés sejam lavados. Alguns amigos precisam de uma torrente de lágrimas. Nossos filhos precisam ser cobertos com o óleo do nosso amor.

   A. Se você é uma pessoa casada, do que o seu cônjuge precisa hoje? De que o seu melhor amigo precisa? Se você tem filhos, do que eles precisam?

   B. Como você pode cobrir os outros com o "óleo" do seu amor?

   C. Como você precisa ser coberto pelo "óleo do amor dos outros"?

3. Queremos e ansiamos amar como Deus ama, mas como podemos expressar este amor? Sendo amados. Seguindo o Princípio 7.47: Receber primeiro, e depois amar.

   A. Como Deus lhe ama?

   B. O que a frase "sendo amado" significa para você? Você está sendo amado? Explique.

   C. Como você recebe o amor de Deus no seu dia a dia?

Aprofundando o Amor

1. Leia Lucas 7.36-50.

   A. Com suas próprias palavras, descreva a cena retratada aqui. O que aconteceu?

   B. Que lição Jesus queria que Simão aprendesse? Como Ele transmitiu esta lição?

   C. Que princípio Jesus estabeleceu no verso 47? Como este princípio se relaciona a você? Explique.

2. Leia 1 João 4.9-11.

   A. Com o que se parece o amor de Deus?

   B. Como o nosso amor deve seguir o exemplo de Deus?

   C. Por que Deus nos ama? Por que devemos amar os outros?

3. Leia Efésios 4.32—5.2.

   A. Quais são os três mandamentos que Deus nos dá no verso 32? Que exemplo Ele traz para mostrar *como* devemos obedecer a estes mandamentos?

B. Que mandamento Deus nos dá no verso 1? Como podemos obedecer a este mandamento? O que nos dá a capacidade de obedecer a este mandamento, de acordo com a segunda parte do verso?

C. Que mandamento Deus nos dá no verso 2? Que exemplos são dados? Como podemos seguir este exemplo na prática?

Dando Amor

1. Pense na pessoa mais próxima a você (cônjuge, amigo, filho, pais, etc.). Periodicamente, durante um dia inteiro, pegue um pequeno bloco e liste as razões pelas quais esta pessoa é tão próxima a você. Por que você a ama? Então no final do dia, faça outra lista respondendo a seguinte pergunta: "Como posso fazer para mostrar mais amor por esta pessoa?" Por último, antes do final da semana, comece fazendo pelo menos uma das coisas que você escreveu na segunda lista.

2. Que oportunidades de voluntariado estão disponíveis em sua vizinhança ou cidade? Reserve um tempo no mês seguinte para servir aos outros em um ambiente que não lhe seja familiar. Como você pode mostrar o amor de Deus a estas pessoas?

Capítulo DOIS

O Carro-Chefe do Amor

Lembrando-se do Amor

1. Paulo apresenta a paciência como uma das principais expressões do amor. Colocada na frente da *Esquadra do Amor* do apóstolo — pouco à frente da bondade, respeito e perdão — está o carro chefe conhecido como paciência.

A. Você já pensou na paciência como "a expressão primeira do amor"? Explique.

B. Por que você acha que Paulo colocou a paciência na ponta da sua *Esquadra do Amor*? O que, na paciência, melhor demonstra o amor?

C. Você se considera uma pessoa paciente? Explique.

D. Como Deus tenta construir sua paciência?

2. A paciência é mais do que uma virtude para longas filas e garçons demorados. A paciência é o tapete vermelho onde a graça de Deus nos encontra.

A. De que forma a paciência é o tapete vermelho sobre o qual a graça de Deus nos encontra?

B. Como Deus é paciente conosco? Como Deus é paciente com você?

C. Como a graça e a paciência estão relacionadas? Como se relacionam entre si?

3. Quanto da paciência de Deus está infiltrada em sua vida? Você já ouviu sobre ela. Leu sobre ela. Talvez tenha sublinhado passagens bíblicas referentes a ela. Mas você a tem recebido? A prova está em sua própria paciência.

A. O que significa "receber" paciência de Deus? Você a recebeu? Explique.

B. Até agora, em sua vida, o que você aprendeu na Palavra de Deus sobre a paciência? Você tem dificuldade em relação a algumas destas lições? Explique.

C. As outras pessoas diriam que você é uma pessoa paciente? Explique.

Aprofundando o Amor

1. Leia Romanos 2.1-4.

A. Como a tendência de julgar os outros revela uma falta de compreensão sobre a paciência de Deus? Você se debate com a questão relacionada a julgar os outros? Explique.

B. Como é possível mostrar desdém pelas riquezas da bondade de Deus (v. 4)?

C. Como a paciência de Deus nos leva em direção ao arrependimento?

D. Onde você estaria se Deus não fosse paciente com você? Por que é importante se lembrar disto quando você lida com os outros?

2. Leia 2 Pedro 3.8,9.

A. Do que Pedro quer se certificar de que não nos esqueçamos (v. 8)? Por que isto é tão importante?

B. Por que às vezes pensamos que Deus é lento para cumprir as suas promessas?

C. Por que Deus é paciente conosco (v. 9)? Qual é a sua motivação?

D. Como podemos imitar a paciência de Deus ao lidar com os outros?

3. Leia Mateus 18.21-35.

A. O que levou Jesus a contar esta história? O que você acha que estava por trás daquela pergunta feita a Jesus?

B. Reconte a história com as suas próprias palavras.

C. Qual era o problema do primeiro servo? Qual era o problema do segundo servo?

D. Qual é o ponto principal da história de Jesus? Como ela lhe afeta? Explique.

E. Como a história de Jesus responde a pergunta de Pedro no verso 21? Como ela está relacionada à paciência?

Dando Amor

1. Sente-se com uma folha de papel e uma caneta ou lápis, e escreva suas respostas para as seguintes perguntas: Como Deus lhe mostrou paciência na semana passada? Como Ele lhe mostrou paciência no ano passado? Ele mostrou paciência ao lhe trazer a salvação? Se mostrou, como o fez? Como você tem respondido à sua paciência?

2. Com quem você mais se mostra impaciente? Com seu cônjuge? Um filho ou filha? Um colega de trabalho? Um vizinho? Dedique um longo tempo durante esta semana orando sobre sua impaciência em relação a esta pessoa. Peça a Deus para mostrar-lhe especificamente o que você pode fazer para ter paciência com esta pessoa. Então monitore o seu comportamento durante o próximo mês, e convide a Deus para lhe encorajar e disciplinar como for necessário.

Capítulo Três

O seu Coeficiente de Bondade

Lembrando-se do Amor

1. A bondade de Jesus. Somos rápidos em pensar em seu poder, paixão e devoção; mas aqueles que estavam e aqueles que estão perto dEle sabiam e sabem que Deus vem vestido de bondade.

A. Você normalmente pensa em bondade quando reflete sobre Jesus? Explique.

B. O que significa bondade para você? Como as pessoas têm lhe mostrado bondade?

C. O que significa estar "vestido" de bondade? O que esta imagem sugere a você?

2. A bondade não tem sido boa para você? Agradável *e* prática? A bondade não diz apenas bom dia; a bondade faz o café.

A. Como a bondade de outros tem ministrado a você?

B. Como a bondade é, ao mesmo tempo, agradável e prática?

C. Por que a bondade genuína nunca pode ser inativa? Por que ela deve estar sempre fazendo *alguma coisa*?

3. Quão bom você é? Qual é seu coeficiente de bondade? Quando foi a última vez que você fez algo de bom para alguém em sua família — por exemplo: pegou o cobertor, limpou a mesa, preparou o café — sem que pedissem?

A. Como você responderia a cada uma destas questões?

B. As pessoas usariam a palavra "bom" para lhe descrever? Explique, especialmente se elas o vêem de uma forma diferente daquela que você se vê.

Aprofundando o Amor

1. Leia Tito 3.3-7.

A. Como Paulo descreve aqueles que ainda não receberam o amor de Deus (v. 3)?

B. De que forma a bondade de Deus se manifesta (v. 4)? Que forma esta bondade assume?

C. Como a bondade de Deus está ligada à nossa salvação? Que papel a bondade de Deus assume em sua oferta de salvação?

D. Que imagens concretas Paulo nos dá da bondade de Deus nesta passagem? O que a bondade de Deus faz?

2. Leia Lucas 6.27-36.

A. Liste os vários mandamentos que Jesus nos dá nesta passagem.

B. Como a bondade se relaciona a todos estes mandamentos?

C. Por que Jesus nos diz que Deus "é benigno até para com os ingratos e maus" (v. 35)? Que efeito esta afirmação deve causar em nós.

D. De que forma Jesus relaciona a bondade de Deus com a misericórdia que devemos ter com os outros (vv. 34 e 35)?

3. Leia Colossenses 3.12-14.

A. Com o que somos chamados a nos revestir?

B. Liste as maneiras práticas pelas quais esta passagem descreve a benignidade. O que a benignidade faz? O que ela não faz?

Dando Amor

1. Leia o Evangelho de sua preferência, anotando exemplos em que Jesus agiu com bondade. Como o Mestre mostrou a bondade do Pai? Como podemos imitar a sua obra?

2. Jesus nos diz para sermos bons até com aqueles que nos maltratam. Quem em seu círculo de influência agiu mal com você? Que atitude de bondade você poderia mostrar a esta pessoa durante esta semana? Planeje este ato, e siga em frente. Ore a Deus para que Ele use isto para tocar esta pessoa, mas mesmo que esta pessoa não responda com bondade, determine que apesar de tudo você continuará a refletir a bondade de Deus.

CAPÍTULO QUATRO

EM CHAMAS

Lembrando-se do Amor

1. O que nasce na inocência é fatal na adolescência. Se alastrado, o incêndio consome tudo o que é consumível.

A. Com o que a inveja se parece na inocência? Como ela é fatal na adolescência?

B. Como a inveja consome aqueles a quem toca?

C. Em que situações é mais provável que você lute com a inveja? Como você lida com ela?

2. Deus retém o que desejamos para nos dar o que precisamos.
   A. Que desejos Deus lhe negou até agora? Por que você acha que Ele fez isso?
   B. Descreva uma época em que Deus negou um desejo pessoal para ir de encontro a uma necessidade pessoal.
   C. Do que você acha que mais precisa hoje? Explique.

3. Seu Pai... oferece amor autêntico. Sua dedicação é real. Mas Ele não lhe dará o genuíno até que você renuncie às imitações.
   A. Como você descreve o autêntico amor de Deus, o verdadeiro amor? Como você o tem experimentado?
   B. A que imitações você se apegou no passado?
   C. Como você pode renunciar às imitações? O que isto requer?

Aprofundando o Amor

1. Leia Salmos 37.1-3.
   A. Por que somos tentados a nos afligir por causa dos homens maus e passar a invejar os que agem de modo errado?
   B. Nesta passagem, como Davi sugere que lutemos contra a inveja? De que devemos nos lembrar?
   C. De que maneira a confiança é um antídoto contra a inveja?
2. Leia Provérbios 14.30.
   A. Descreva um coração em paz. Com que ele se parece? Como um coração desse dá "vida ao corpo"?
   B. Como a inveja "corrói os ossos"? O que isto significa?
   C. Como alguém pode ter um coração em paz, e evitar ter os ossos corroídos pela inveja?

3. Leia Tiago 4.1-6.
   A. De acordo com Tiago, o que causa brigas e discussões entre nós (v. 1)?
   B. Descreva uma época em que você testemunhou o poder destrutivo da inveja em um relacionamento.
   C. Qual é o antídoto para a inveja e as brigas que ela produz?
   D. Tiago diz que o Espírito tem um intenso ciúme (v. 5) — e isto é algo bom. Em que sentido Ele tem ciúme? Como é possível que este tipo de ciúme divino seja bom, e o nosso ciúme humano seja ruim?

Dando Amor

1. Tente considerar a inveja (ou o ciúme) sob uma outra perspectiva. O que você tem (talentos, habilidades, recursos, posses, relacionamentos) que os

outros podem invejar? Seja o mais honesto possível: Você já ostentou alguma destas coisas para provocar a inveja dos outros? Se já o fez, o que você pode fazer para diminuir a possibilidade de que outros se tornem invejosos?

Capítulo CINCO

Deus Não Aprova a "Lei do Galinheiro"

Lembrando-se do Amor

1. Você faria o que Jesus fez? Ele trocou um castelo impecável por um simples estábulo. Trocou a adoração dos anjos pela companhia dos assassinos. Ele podia ter o universo na palma da mão, mas preferiu boiar no útero de uma virgem.

A. Responda a pergunta anterior, e então explique a sua resposta.

B. Do que você acha que foi mais difícil Jesus desistir? Por quê?

C. Se você fosse Jesus, teria feito algo diferente? Explique.

2. O que é mais importante para você — que o trabalho seja feito ou que você seja visto? Quando um irmão ou irmã é honrado, você sente alegria ou inveja?

A. Responda a pergunta anterior. Por que respondeu assim?

B. Descreva a última vez que você fez um trabalho excelente, e manteve silêncio absoluto sobre ele.

C. Você se considera uma pessoa humilde? Explique.

3. A verdadeira humildade não é fazer pouco de si, mas pensar com precisão sobre si mesmo. O coração humilde não diz: "Não consigo fazer nada". Ao invés disso, diz: "Não consigo fazer tudo. Sei qual é a minha parte e estou feliz por fazê-la".

A. Você conhece os seus pontos fortes e fracos? Explique.

B. Você está feliz por fazer a sua parte? Explique.

C. Qual é a pessoa mais humilde que você conhece? Descreva-a. O que a faz tão humilde?

Aprofundando o Amor

1. Leia Mateus 23.5-12.

A. Como os versos 5-7 retratam a cena de uma exposição? Há algo errado com esta cena?

B. Como Jesus nos aconselha a combater tal exposição (vv. 8-11)?

C. Como um servo pode ser grande?

D. O que Jesus promete fazer pelos humildes? O que Ele promete fazer com aqueles que se exaltam (v. 12)?

2. Leia Filipenses 2.3-11.
   A. Que princípio geral Paulo apresenta no versículo 3? Como este princípio deve ser vivido na prática?
   B. Como o versículo 4 mostra uma maneira prática de demonstrar humildade? Como você colocaria isto em prática de uma forma mais ampla em sua vida?
   C. Como Jesus exemplificou um estilo de vida de humildade?
   D. Como Deus recompensará Jesus por sua humildade? De que maneira isto nos traz um incentivo?

3. Leia Romanos 12.3-10.
   A. Como devemos pensar sobre nós mesmos (v. 3)? O que isto significa?
   B. Como a lembrança do corpo de Cristo nos ajuda a permanecer humildes (vv. 4-8)?
   C. Como devemos honrar os outros acima de nós mesmos (v. 10)? O que isto requer de você pessoalmente?

Dando Amor

1. Planeje um "Dia da Honra". Dedique o seu tempo a alguém: uma pessoa mais velha, uma criança, um inválido. Demonstre o amor de Cristo àquela pessoa ajudando-a a sentir-se especial. No final do dia, faça um resumo do que aprendeu sobre servir e amar.
2. Faça uma pequena cerimônia de lavar os pés. Vá até um parente ou amigo, leia João 13.1-17 em voz alta, e então represente a cena. Certifique-se de que esta atitude humilde permaneça em sua vida mesmo depois deste gesto.

CAPÍTULO SEIS

UMA CONVOCAÇÃO À CORTESIA

Lembrando-se do Amor

1. Ao definir o que o amor não é, Paulo incluiu a aspereza em sua lista.
   A. Qual foi a coisa mais grosseira que já fizeram com você?
   B. Descreva a coisa mais grosseira que você já fez com alguém.
   C. Como você se sente quando alguém é rude com você? Como você responde geralmente?
2. Deus nos chama a uma preocupação mais elevada, mais nobre. Não diga: "Quais são os meus direitos?", e sim "O que é amar?"
   A. Seja honesto: você geralmente pensa primeiro em seus direitos ou no que seria mais amoroso?

B. O que a cortesia tem a ver com o amor?

C. Descreva a atitude mais gentil que você demonstrou durante esta semana.

3. O noivo não cuida da noiva? Não a respeita? Não a honra? Deixe Cristo fazer o que anseia fazer. À medida que você receber o seu amor, achará mais fácil dar amor.

A. Por que a noiva e o noivo quase nunca são rudes entre si durante a cerimônia de casamento? Que mudança o comportamento de ambos traz ao casamento?

B. Em que ambiente você é mais tentado a ser rude? Como você pode vencer esta tentação?

Aprofundando o Amor

1. Leia Lucas 4.22.

A. Por que todos (em princípio) falam bem de Jesus?

B. Que tipo de palavras vêm dos lábios de Jesus?

C. Como tais palavras são opostas à grosseria?

2. Leia Colossenses 4.6.

A. Como a sua conversa pode ser cheia de graça?

B. O que significa "temperar" as nossas palavras "com sal"?

C. Qual o propósito desta graça e tempero em nossas conversas?

3. Leia Romanos 12.16.

A. O que a expressão "viver em harmonia" diz sobre o povo de Deus?

B. Qual é a relação entre orgulho e grosseria?

C. Por que deveríamos desejar nos associar com pessoas de baixa posição?

D. Como podemos evitar nos tornar presunçosos?

Dando Amor

1. Sente-se com uma pessoa amada, e assista a um filme favorito. Assista especialmente as cenas onde alguém é rude. O que aconteceu na história por causa do comportamento grosseiro? O que poderia ter acontecido se aquele comportamento não tivesse ocorrido? Como um espírito humilde teria mudado as coisas?

2. Todos nós estaremos, em alguma ocasião, sujeitos a um comportamento grosseiro. Seja pró-ativo e pense com antecedência na maneira como reagirá a isto. Que estoque de frases poderia ser usado para neutralizar o impacto da situação? Como você pode se preparar para passar pelo incidente com a graça de Deus?

Capítulo SETE

Tirando o "Eu" de Diante de seus Olhos

Lembrando-se do Amor

1. O egoísmo é uma obsessão pelo eu, que exclui os outros e fere a todos.
   A. Como você descreveria o egoísmo?
   B. Descreva uma época em que o egoísmo de alguém lhe feriu profundamente.
   C. Descreva uma época em que o seu egoísmo feriu alguém.

2. Você deseja ter sucesso? Está bem. Apenas não fira outros para alcançá-lo. Desejar ficar bonito? Tudo bem. Mas não o faça às custas do mal dos outros.
   A. Como ferimos os outros tentando obter sucesso? De que forma isto é egoísmo?
   B. De que forma tentamos ficar bem fazendo outros ficarem mal?
   C. Como você responderia a alguém que dissesse: "Bem, se eu não cuidar de mim, quem o fará?"

3. Qual é a cura para o egoísmo? Tire o seu "eu" de diante de seus olhos, colocando o seu olhar fora do seu "eu". Pare de olhar para aquele pequeno "eu", e tenha como o seu principal enfoque o seu Grande Salvador.
   A. O que você acha desta cura para o egoísmo?
   B. Como se pode colocar esta cura em ação, na prática? Como isto pode se tornar mais do que um belo conjunto de palavras?

Aprofundando o Amor

1. Leia Tiago 3.13-16.
   A. Como Tiago define a ambição egoísta?
   B. O que ela faz? A que ela leva? De onde ela vem?
   C. Como podemos combater a ambição egoísta?

2. Leia o Salmo 119.36.
   A. Que oração o salmista faz neste versículo?
   B. Como a Palavra de Deus nos ajuda a nos afastar do ganho egoísta?
   C. Como você usa a Bíblia para combater o egoísmo?

3. Leia Romanos 2.7,8.
   A. Para que grupo de pessoas Deus dará a vida eterna (v. 7)?
   B. O que espera aqueles que são egoístas (v. 8)?
   C. Por que há tal diferença entre estes dois grupos?

Dando Amor

1. Em que área da vida você é mais tentado a ser egoísta? Como o egoísmo nunca vai embora por si mesmo, você precisa criar um plano para matá-lo. Como você pode confrontar melhor as suas tendências egoístas? Pense nelas sozinho, então discuta seu plano com a pessoa mais próxima a você. Juntos tentem colocar o seu plano em ação.

2. Uma boa maneira de combater o egoísmo é ter o hábito de dar aos outros. Mais do que dar aos outros algo de que você não precise nem use, escolha algo pessoal e significativo para dividir com alguém que esteja solitário ou desprezado.

Capítulo OITO

A Fonte da Ira

Lembrando-se do Amor

1. O fogo da ira tem muita lenha, mas de acordo com os relatos bíblicos, a parte mais espessa e quente da madeira é a rejeição.

   A. O que lhe faz ficar irado? Explique.
   B. A rejeição lhe faz ficar irado? Explique.
   C. Por que a rejeição irrita a maioria de nós?

2. Se a rejeição causa ira, a aceitação não a curaria? Se a rejeição ao céu lhe faz ficar irritado com os outros, a aceitação do céu não lhe faria derramar o seu amor por eles?

   A. A aceitação sempre cura a ira? Explique.
   B. Como a aceitação do céu nos inclina a mostrar amor aos outros?
   C. Se esta afirmação é verdadeira, por que muitos cristãos parecem ficar tão irados? Por que tantos crentes têm falta de amor?

3. As rejeições são como os quebra-molas nas ruas e estradas. Fazem parte da viagem... Você não pode impedir que as pessoas lhe rejeitem, mas pode impedir que as rejeições lhe deixem irado.

   A. Podemos impedir que a rejeição nos fira? Explique.
   B. Como podemos impedir que a rejeição nos enfureça?
   C. Como você aprendeu a lidar melhor com a rejeição?

Aprofundando o Amor

1. Leia Gênesis 4.2-8.

   A. O que causou a ira de Caim neste relato?
   B. Como Deus respondeu à ira de Caim (vv. 6 e 7)?

C. Como Caim lidou com a sua ira (v. 8)?

D. O que podemos aprender com Caim sobre como *não* lidar com a ira?

2. Leia Romanos 9.1-5.

A. Como Paulo se sentiu em relação aos seus compatriotas? Por que se sentiu assim?

B. Paulo tinha um grande motivo para se opor aos seus irmãos judeus, mas não o fez. Por quê?

C. O que Paulo enfocou para manter seu amor pelos seus irmãos e irmãs estrangeiros (v. 5)? Como podemos seguir o seu exemplo?

3. Leia João 5.6.

A. Que pergunta Jesus fez ao paralítico?

B. Por que Jesus faria tal pergunta àquele homem? A resposta não seria óbvia?

C. Se Jesus fizesse esta pergunta em relação à sua ira, o que você diria? Explique.

Dando Amor

1. Faça um estudo detalhado de Efésios 4.26. Leia este versículo em várias traduções, pesquise o que os comentaristas dizem sobre ele, e medite nele em suas horas de descanso por algumas semanas. No final de seu estudo, tente colocar em prática aquilo que você aprendeu. O que você pode fazer em sua casa para obedecer melhor a este mandamento de Deus? E no trabalho? Na igreja? Em sua vizinhança?

Capítulo NOVE

O Coração Repleto de Feridas

Lembrando-se do Amor

1. Nossa tarefa é proteger o barco e recusar a entrada de pensamentos inúteis. No minuto em que eles aparecem nas docas devemos entrar em ação. "Este coração pertence a Deus" declaramos, "e vocês não vão embarcar".

A. Quão vigilante você tem sido para recusar a entrada de pensamentos inúteis?

B. Descreva algumas estratégias que você e seus conhecidos têm usado para policiar o pensamento.

C. Como você pode tirar um pensamento maligno de sua mente, uma vez que ele já entrou? É possível removê-lo? Explique.

2. Você não foi aspergido com o perdão. Você não foi respingado com a graça. Você não foi espanado com a bondade. Foi imerso em todas estas

bênçãos. Está submerso na misericórdia. Você é um peixinho no oceano da misericórdia do Senhor.

A. O que significa para você estar imerso na graça de Deus?

B. Por que é importante saber que Deus simplesmente não nos respingou com a sua benignidade?

C. Descreva alguém que você conhece que pensa que Deus é avarento em sua bondade e misericórdia. Como esta pessoa caminha pela vida?

3. Você pode ficar embaraçado em suas longas listas e em sua carga mal cheirosa, e ser levado de um porto a outro. Mas por que isto lhe aconteceria? Deixe os altos mares para o *Pelicano*. Seu Capitão tem planos melhores para você.

A. A que "longas listas" e "carga mal cheirosa" Max se refere?

B. Por que alguém escolheria ficar preso com uma carga tão repugnante? Você alguma vez escolheu ficar preso a ela? Explique.

C. Que planos o seu Capitão tem para você? Como o conhecimento destes planos altera a maneira como você caminha pela vida?

Aprofundando o Amor

1. Leia Colossenses 2.13-15.

A. De que tipo de "lixo" Paulo fala nesta passagem?

B. Como Cristo lida com ele? O que Ele cravou na cruz?

C. Como Cristo triunfou na cruz? Como podemos compartilhar este triunfo?

2. Leia 2 Coríntios 10.4,5.

A. Que tipo de armas Paulo tem em mente aqui?

B. Que tipo de fortalezas Paulo tem em mente aqui?

C. Como estas armas destroem estas fortalezas?

3. Leia Filipenses 4.8.

A. Paulo lista uma série de características dos tipos de pensamentos que devem ocupar a nossa mente. Enumere-os.

B. Como podemos preencher nossa mente com tais pensamentos?

C. Por que algumas vezes desobedecemos a esta instrução?

Dando Amor

1. Como você pode ajudar os membros de sua família a "levar cativo todo pensamento" a Cristo (2 Co 10.5)? Você permite que qualquer pedra de tropeço faça os seus amados caírem, mesmo que elas venham em forma de diversões

vazias, revistas impróprias, ou outro tipo de oferta imprópria da mídia? Faça um inventário de seu lar. Caminhe literalmente por cada cômodo da casa, e se pergunte: "Há alguma coisa neste cômodo que pertence ao *Pelicano*?"

Capítulo DEZ

O Teste do Amor

Lembrando-se do Amor

1. Os sentimentos podem lhe enganar.
   A. Descreva uma época em que seus sentimentos lhe enganaram.
   B. Como os sentimentos nos enganam? Como eles conseguem nos enganar?
   C. Como nossa cultura nos encoraja a fazer qualquer coisa que sentirmos vontade de fazer? Como podemos resistir a estes impulsos insensatos?

2. O verdadeiro amor nunca pedirá à pessoa amada para fazer o que ela acha errado. O amor não fere as convicções dos outros. Muito pelo contrário.
   A. Descreva uma época quando alguém tentou usar o "amor" para induzir-lhe a fazer algo que você considerava errado. O que aconteceu?
   B. Por que o amor genuíno nunca encoraja alguém a fazer alguma coisa que esta pessoa considere errado? E se as convicções da pessoa forem erradas?
   C. Como o verdadeiro amor tenta persuadir a pessoa amada a tomar um curso de ação correto?

3. Você quer sondar a profundidade de seu amor por alguém? Como você se sente quando esta pessoa é bem sucedida? Você se regozija? Ou sente inveja? E quando esta pessoa tropeça ou passa por algum problema? Você realmente se entristece? Ou fica secretamente satisfeito? O amor nunca comemora o infortúnio. Nunca.
   A. Responda as perguntas anteriores, então explique as suas respostas.
   B. Por que o amor nunca comemora o infortúnio?
   C. Como o amor reage ao infortúnio *merecido*?

Aprofundando o Amor

1. Leia 1 Coríntios 8.1-13.
   A. Que relação Paulo vê entre conhecimento e amor (vv. 1-3)? Qual deles deve ocupar o primeiro lugar? Por quê?
   B. Como o amor controlou o uso do conhecimento que Paulo tinha sobre ídolos (vv. 9-11)?
   C. Que princípio geral Paulo estabelece a partir desta discussão (vv. 12 e 13)?

2. Leia Lucas 13.34,35.
   A. Que verdade Jesus conhecia sobre o futuro de Jerusalém?
   B. De que modo esta verdade o afetava?
   C. Jesus se regozijou pelo julgamento de seus inimigos? Por que sim, ou por que não?

3. Leia o Salmo 147.10,11.
   A. Em que tipo de coisas Deus *não* tem prazer (v. 10)? Por que não?
   B. Em que Deus tem prazer (v. 11)? Por quê?
   C. Que tipo de amor Deus expressa através de nós? Por que isto deveria nos trazer esperança?

Dando Amor

1. Comemore um sucesso inesperado de alguém de sua família. Faça-o de forma alegre, para que se torne inesquecível e significativo. Certifique-se de que a pessoa cujo sucesso você está comemorando saiba o quanto você está feliz por ela; não só pelo sucesso, mas por quem ela é.

2. Avalie como você reage quando um irmão crente está sendo bem sucedido. Você consegue ficar feliz de verdade por aquela pessoa, ou sente um pouco de inveja? Considere também como você reage quando um rival tropeça. Você fica feliz? Peça a Deus que você seja capaz de enxergar o seu próprio coração, e então peça que Ele lhe ajude a tornar-se mais parecido com Jesus.

Capítulo ONZE

O Amor É um Pacote Completo

Lembrando-se do Amor

1. Não seria maravilhoso se o amor fosse como um restaurante self-service? Seria mais fácil. Seria mais claro. Seria pacífico e menos doloroso. Mas sabe de uma coisa? Não seria amor. O amor não aceita apenas algumas coisas. O amor está disposto a aceitar todas as coisas.
   A. Você já conheceu alguém que tratava o amor como um restaurante self-service? Se já, como esta pessoa tratava os outros?
   B. Será que o fato de o amor estar disposto a aceitar todas as coisas significa que ele nunca tenta mudar algumas destas coisas? Explique.
   C. Que coisas são mais difíceis para você aceitar nas pessoas a quem ama? Explique.

2. A visão que Deus tem em relação ao amor é parecida com a visão que a minha mãe tem em relação à comida. Quando amamos alguém, levamos o "pacote" completo.

A. Descreva algumas das formas pelas quais procuramos *não* levar o pacote completo.

B. Que parte de seu pacote os outros têm tido dificuldade de aceitar? Explique.

C. Como podemos aceitar uma pessoa por completo, quando há partes da sua personalidade de que não gostamos?

3. Jesus suportava todas as coisas, acreditava em todas as coisas, tinha esperança em todas as coisas, e sofria todas as coisas. Cada uma delas.

A. Por que é importante nos lembrarmos de que o próprio Senhor Jesus suportava todas as coisas? Como este conhecimento muda o seu comportamento em relação aos outros?

B. O que poderia ter acontecido se Jesus tivesse se recusado a suportar todas as coisas? O que teria acontecido com você?

C. Como podemos aprender a imitar o exemplo de Jesus de suportar todas as coisas?

Aprofundando o Amor

1. Leia 1 Coríntios 1.10-17.

A. Que problema da Igreja Paulo discute nesta passagem? Este é um problema comum hoje? Explique.

B. Como Paulo queria que a igreja se comportasse (v.10)? Esta é uma esperança realista? Explique.

C. O que poderia ter acontecido em Corinto se a igreja tivesse aprendido a suportar todas as coisas entre os seus membros? Explique.

2. Leia 1 Coríntios 5.1-13.

A. Esta passagem se ajusta à idéia de que o amor suporta todas as coisas? Explique.

B. Como esta passagem ilustra a diferença entre o julgamento do comportamento e o julgamento da motivação?

C. Como é possível amar um irmão que peca e ainda se recusa a tolerar o pecado? Por que é tão difícil colocar isto em prática?

3. Leia Romanos 12.18.

A. Que mandamento é dado neste versículo?

B. Como a idéia de suportar todas as coisas nos ajuda a obedecer a este mandamento?

Dando Amor

1. Aqui está um exercício que você só deve experimentar se estiver muito satisfeito consigo mesmo. Faça uma lista de seus hábitos ou

características mais irritantes. Seja completamente honesto. Enquanto pensa nesta lista, por qual destes hábitos ou características você pode realmente fazer alguma coisa? Como você pode trabalhar neles para fazer com que aqueles que estão à sua volta possam suportar todas as coisas?

2. Identifique a pessoa de seu círculo de influência que você acredita que melhor exemplifique esta característica do amor, de suportar todas as coisas. Marque um encontro para entrevistar esta pessoa. O que você pode aprender, para lhe ajudar a suportar melhor todas as coisas?

Capítulo DOZE

Um Manto de Amor

Lembrando-se do Amor

1. O erudito soa como poético enquanto explica o significado de *proteger* implícito no termo *sofrer*, conforme usado em 1 Coríntios 13.7. Ele diz que este termo transmite "a idéia de cobrir com um manto de amor".

A. Descreva alguém que você conhece que sabe como cobrir alguém com um manto de amor.

B. Descreva uma época em que alguém lhe cobriu com um manto de amor.

C. Tente buscar outras imagens que transmitam esta idéia de proteção com amor. Que figuras lhe transmitem esta idéia?

2. Nós escondemos. Ele procura. Nós trazemos o pecado. Ele traz o sacrifício. Nós tentamos nos cobrir com folhas de figueira. Ele traz o manto da justiça.

A. Como tentamos nos esconder quando pecamos? Como *você* tenta se esconder quando peca?

B. O que motiva Deus a trazer um sacrifício pelo nosso pecado?

C. Como alguém pode vestir o manto da justiça? Você já vestiu este manto? Explique.

3. Você conhece alguém, como Madge, que está ferida e com medo? Conhece alguém como Adão e Eva, que se sente culpado e embaraçado? Você conhece alguém que precisa do manto de amor?

A. Responda as perguntas anteriores.

B. Como você pode ajudar aqueles que identificou como alguém que precisa do manto de amor em sua vida?

C. Quem tem sido um protetor para você? Descreva esta pessoa

Aprofundando o Amor

1. Leia Mateus 25.31-46.

A. Que cena está representada nos versículos 31-33?

B. Como o rei descreve os benditos nos versículos 34-36? O que eles fizeram?

C. Por que os benditos estão surpresos pela afirmação do Rei? (vv. 37-39)?

D. Como o rei responde à sua surpresa? (v. 40)

E. O que isto nos sugere sobre a responsabilidade que temos de proteger os menos afortunados?

2. Leia 2 Tessalonicenses 3.1-3.

A. Que pedido Paulo faz aos seus amigos tessalonicenses (v. 1)? Por que fez este pedido?

B. Que pedido adicional Paulo lhes fez (v. 2)? Como esta oração está relacionada à proteção?

C. Que promessa Deus faz através do apóstolo no versículo 3? Podemos nos beneficiar desta promessa? Explique.

3. Leia Mateus 14.22-33.

A. Reconte com suas próprias palavras o que aconteceu nesta história.

B. De que maneiras Jesus protegeu os seus discípulos neste incidente?

C. Como esta história pode nos dar esperança? O que podemos aprender dela?

Dando Amor

1. Usando uma boa concordância, faça um estudo sobre o termo *proteção*, relacionando juntamente palavras como *protege, protegido, e proteger*. O que você aprendeu sobre a maneira como Deus protege os seus filhos? O que isto faz por seu senso de segurança? Como você pode usar este conhecimento para ajudar outras pessoas a desenvolverem a sua confiança em Deus?

2. O texto em Mateus 25 deixa claro que Cristo quer que protejamos e ajudemos os menos afortunados entre nós. O que *você* tem feito constantemente para alimentar os famintos, dar água aos que têm sede, casa aos desabrigados, vestir os nus, cuidar dos doentes, e visitar os que estão na prisão? Se você quer levar as palavras de Cristo realmente a sério, o que *pode* fazer?

Capítulo TREZE

O Anel da Confiança

Lembrando-se do Amor

1. Deus acredita em você. Eu me pergunto: Você poderia pegar um pouco da confiança que Ele tem em você e partilhá-la com alguém? Você acreditaria em alguém?

A. Você concorda que Deus acredita em você? Explique.

B. Como podemos partilhar com outros a confiança que Deus tem em nós?

C. Como alguém tem demonstrado que acredita em você? O que esta confiança faz por você?

2. Certo ou errado, nós nos definimos através dos olhos dos outros. Diga-me milhões de vezes que sou tolo, e eu acreditarei em você. Diga-me várias vezes que sou brilhante, e certamente concordarei.

A. Você tende a se definir através dos olhos dos outros? Explique.

B. Descreva uma época ou ocasião em que os comentários de alguém a seu respeito afetaram a sua auto-imagem ou o seu comportamento.

C. Como você tenta mostrar às pessoas que acredita nelas? O que você lhes diz?

3. Como mostramos às pessoas que acreditamos nelas? Mantemos contato com elas... ouvimos o que têm a dizer... falamos com elas...

A. Como você se mantém presente na vida das outras pessoas? Como elas se mantém presentes na sua vida?

B. Como você ouve aquilo que as outras pessoas têm a dizer? Como elas lhe ouvem?

C. Como você fala com as pessoas? Como elas falam com você?

Aprofundando o Amor

1. Leia Lucas 15.11-23.

A. Descreva os principais personagens desta história. Como eles são?

B. Qual é o ponto principal desta história? Que lição podemos tirar dela?

C. De que forma o pai, nesta história, representa Deus? De que forma Deus age como este pai?

D. Como o pai mostrou a confiança que tinha no filho? Como esta confiança afetou o seu filho?

2. Leia Provérbios 18.21; 12.18; 15.2, 4.

A. Que poderes são atribuídos à língua nestes versos?

B. De que maneira a língua do sábio traz a cura?

C. Como você pode ensinar a sua própria língua a trazer vida e cura? O que precisa mudar para que isto aconteça?

3. Leia Efésios 4.29.

A. O que é proibido neste versículo?

B. O que é elogiado neste versículo?

C. Que bom resultado é apresentado neste versículo?

D. Você está vivendo de acordo com este versículo? Explique.

Dando Amor

1. Experimente ser um autor. Escreva um relato de como alguém mostrou acreditar em você, incluindo todos os detalhes possíveis. Conte o que a pessoa fez, assim como o que aconteceu na sua vida como resultado disso. Então partilhe a sua história com um amigo ou com uma pessoa amada.

2. Como você pode mostrar a uma pessoa que você acredita nela? Converse, durante esta semana, com uma pessoa em casa ou no escritório que precisa ouvir que você acredita e confia nela, e pense em uma forma criativa de expressar estes sentimentos. Mande um cartão, telefone, convide-a para um almoço, planeje um passeio especial — mas não deixe esta semana passar sem que você expresse a confiança que tem nesta pessoa.

CAPÍTULO QUATORZE

QUANDO A SUA ESPERANÇA É PEQUENA

Lembrando-se do Amor

1. A esperança é uma folha de oliveira — é a evidência de terra seca depois de uma inundação. Ela prova ao sonhador que vale a pena sonhar.

A. Em que áreas da sua vida você precisa de mais esperança neste exato momento?

B. Como a esperança lhe resgatou de um "dilúvio" no passado?

C. Que sonhos você considera como os seus preferidos? Você acredita que eles valem o risco? Explique.

2. Com todo o respeito, na visão de Deus os nossos maiores desafios não são mais que grampos perdidos e fitas elásticas. Ele não fica perplexo, confuso, ou desencorajado. Você não gostaria de receber a esperança que vem dEle? Receba-a porque você precisa dela. Receba-a para que possa partilhá-la com alguém.

A. Qual é o tamanho do seu Deus? Ele pode solucionar os seus problemas? Explique.

B. Como você se sentiria se Deus *pudesse* ficar confuso ou desencorajado?
C. Como você recebe a esperança de Deus? Como você pode compartilhá-la?

3. O amor estende uma folha de oliveira à pessoa amada e diz: "Eu tenho esperança em você". O amor é rápido ao dizer: "Eu tenho esperança *a seu respeito*".
A. O que significa a declaração do amor: "Eu tenho esperança em você?"
B. O que significa a declaração do amor: "Eu tenho esperança *a seu respeito*?"
C. Como você pode declarar aos que estão mais próximos a você, que você tem esperança *neles* e *a respeito deles*? O que você acha que tal declaração significaria para cada uma destas pessoas?

Aprofundando o Amor

1. Leia Romanos 8.18-25.
A. Por que Paulo não murmura sobre os seus sofrimentos presentes (v. 18)?
B. Pelo que Paulo esperava ansioso (vv. 19-21)? Como esta espera mudava a sua situação?
C. Paulo minimizava os seus problemas (vv. 22 e 23)? Como os proibia de deixá-lo abatido?
D. Como Paulo entendia a esperança (vv. 24 e 25)? Como este entendimento pode nos ajudar nos momentos mais difíceis?
2. Leia Romanos 15.4.
A. De acordo com este versículo, por que a bíblia foi escrita?
B. De acordo com este versículo, como recebemos esperança?
C. Por que precisamos de esperança?

3. Leia Hebreus 13.5,6.
A. Por que podemos nos sentir contentes com aquilo que temos (v. 5)?
B. Que promessa Deus nos faz nesta passagem?
C. Como esta promessa pode nos dar esperança?
D. Como esta esperança pode mudar a maneira como vivemos (v. 6)?

Dando Amor

1. Leia um bom livro sobre o tema esperança. Como Deus planejou a nossa fé para nos dar esperança, mesmo nas horas difíceis?
2. Faça de conta, por algum tempo, que você é um jornalista, e faça algumas reportagens investigativas. Peça a alguns de sus colegas de trabalho, ou vizinhos, para falar sobre o tema "esperança": Pergunte se eles têm esperança, o que pensam que ela é, como ela muda as situações, de onde ela vem, etc. A esperança é algo comum ou é uma qualidade rara nos dias de hoje? Como você pode transmitir esperança às pessoas?

Capítulo Quinze

Ele Poderia Ter Desistido

Lembrando-se do Amor

1. Jesus poderia ter desistido.
   - A. Se você fosse o Diabo, como teria tentado Jesus para que desistisse?
   - B. Por que você acha que Jesus *não* desistiu? O que o manteve no caminho certo?
   - C. O que teria acontecido se Jesus tivesse desistido? O que teria sido diferente na história?

2. O amor atravessa as maiores distâncias... e Cristo viajou desde a eternidade infinita para estar confinado pelo tempo, a fim de se tornar um de nós.
   - A. De que maneira o amor atravessa as maiores distâncias? De que forma ele tem vencido a distância em sua vida?
   - B. Como o amor fez com que Jesus deixasse temporariamente o céu para viver na terra?

3. Por que Ele não desistiu? Porque o amor que sente por seus filhos é maior do que a dor da jornada. Ele veio para que você pudesse estar com Ele ao partir deste mundo. O nosso mundo está em colapso. Foi por isso que Ele veio. Você estava morto, morto no pecado. Por isso Ele veio.
   - A. Como o amor se sobrepôs à dor na vida de Jesus? Como o amor pode fazer o mesmo em sua vida?
   - B. Como Jesus lhe retirou de seu mundo destruído?
   - C. O que significa estar morto no pecado? Como a vinda de Jesus nos resgata do pecado e da morte?

Aprofundando o Amor

1. Leia Hebreus 12.2,3
   - A. Que diretrizes o autor nos dá no versículo 2? Qual é a razão para esta diretriz?
   - B. De acordo com o escritor, como Jesus suportou a Cruz? A que alegria ele se refere (v. 2)?
   - C. De que maneira podemos seguir o exemplo de Jesus aqui (v. 3)? O que acontece quando seguimos o seu exemplo?
2. Leia 2 Coríntios 4.7-18.
   - A. Por que Paulo chama nossos corpos de “vasos de barro”(v. 7)? Qual é o propósito de Deus ao nos dar tais corpos?
   - B. Como Paulo descreve seus desafios e suas dificuldades (vv. 8-10)? Como ele os suportou?

C. Que esperança dirigiu Paulo, dando-lhe tal perseverança (v. 14)? Você compartilha esta esperança? Explique.

D. Qual é o segredo para não desanimar? (v. 16)?

E. Qual é a chave para a perseverança (v. 18)? Você já encontrou esta chave? Explique.

3. Leia Apocalipse 1.9.

A. De acordo com Apocalipse 1.9, o que temos em Jesus Cristo? Por que tais bênçãos (o Reino e a paciência de Jesus Cristo) nos pertencem?

B. Como a passagem em Colossenses 1.3-12 nos dá entendimento em relação à afirmação de João?

Dando Amor

1. Leia uma boa biografia de um missionário, olhando especificamente para a maneira em que ele suportou e perseverou apesar dos sofrimentos. O que você pode aprender para a sua própria vida cristã através da experiência desta pessoa?

2. Esteja observando esta semana alguém da sua família que precisa muito de encorajamento. O que você pode fazer para ajudar esta pessoa a suportar? Convide-a para um café ou almoço, e gentilmente sonde como pode oferecer esperança e assistência.

Capítulo DEZESSEIS

Um Amor Infalível

Lembrando-se do Amor

1. Quando você estiver nos últimos dias da sua vida, o que você vai querer? Quando a morte estender as mãos para você, onde você buscará conforto?

A. Responda as perguntas anteriores.

B. Descreva alguém em sua vida que exemplifique um amor infalível. Como esta pessoa é?

2. Vamos fazer um inventário do nosso coração. Estou vivendo no transbordante amor de Deus? Quanto e quão bem amo as pessoas que fazem parte da minha vida? A maneira como trato as pessoas reflete a maneira como Deus me trata?

A. Responda as perguntas anteriores.

B. Como alguém vive no transbordante amor de Deus? O que isto significa?

C. Liste 10 maneiras pelas quais Deus tem lhe mostrado o seu amor. Como você tem partilhado este amor com os outros?

3. O amor de Deus não depende do nosso. A abundância do nosso amor não aumenta o dEle. A nossa falta de amor não diminui o amor dEle Nossa bondade não melhora o amor dEle, nem a nossa fraqueza o dilui.

A. Por que o amor de Deus não depende do nosso?

B. Como isto faz com que você sinta que o amor de Deus é imutável?

C. Como sabemos que o amor de Deus é imutável?

4. Vamos escrever 1 Coríntios 13.4-8 uma vez mais. Não com o seu nome ou com o nome de Jesus, mas com ambos. Leia esta passagem em voz alta com o seu nome nos espaços, e pense a respeito.

Cristo em __________ é paciente, Cristo em __________ é benigno. Cristo em __________ não é invejoso, Cristo em __________ não trata com leviandade, Cristo em __________ não se ensoberbece. Cristo em __________ não se porta com indecência, Cristo em __________ não busca os seus interesses. Cristo em __________ não se irrita, Cristo em __________ não suspeita mal. Cristo em __________ não folga com a injustiça, mas folga com a verdade. Cristo em __________ tudo sofre, tudo crê, tudo espera, tudo suporta. Cristo em __________ nunca falha.

A. Como soa esta passagem, com o seu nome e o de Cristo? Explique.

B. Que mudanças tal leitura lhe induz a fazer em sua caminhada cristã? Explique.

Aprofundando o Amor

1. Leia Deuteronômio 7.7-9.

A. Que fatores *não* influenciaram a escolha afetiva que Deus fez em relação a Israel (v. 7)?

B. Por que Deus se afeiçoou a Israel (v. 8)?

C. De que maneira este princípio é o mesmo para todos os crentes em Cristo hoje?

2. Leia 1 Coríntios 13.8-13.

A. Por que as profecias, línguas, e conhecimento cessarão? Por que o amor nunca cessará?

B. A que dia Paulo se refere quando fala da vinda da perfeição (v.10)? Quando veremos a Deus "face a face" (v. 12)? Quando conheceremos completamente, assim como somos conhecidos (v.12)?

C. Por que o amor é maior do que a fé e a esperança?

3. Leia João 15.5-12.

A. De que maneira Jesus é a videira? De que maneira somos os ramos?

B. Que promessa é dada àqueles que permanecem em Jesus (v. 7)?

C. O que acontece ao ramo que permanece em Jesus (v. 8)? Por que isto é para a glória de Deus?
D. Como permanecemos no amor de Cristo (v. 10)?
E. Qual é o resultado de permanecermos no amor de Cristo (v. 11)?
F. Que mandamento Jesus dá àqueles que permanecem em seu amor (v. 12)?

Dando Amor

1. Faça uma lista das maneiras que os outros têm lhe abençoado através do seu amor. Como você pode partilhar este amor com outras pessoas?

2. Em seus momentos de descanso, agradeça a Deus pelas muitas maneiras pelas quais Ele tem lhe mostrado o seu amor ao longo dos anos. Seja o mais específico possível, mencionando nominalmente as suas expressões individuais de amor. Então peça que Ele lhe mostre como partilhar este amor com os outros da melhor maneira possível. Não termine a sua oração até que o Senhor tenha lhe revelado várias maneiras pelas quais você pode, na prática, mostrar o amor dEle a pessoas específicas em sua vida.

NOTAS

Capítulo 2: O Carro-Chefe do Amor

1. A obra de David Aikman, *Great Souls: Six Who Changed the Century* (Nashville: Word Publishing, 1998), 341-42.
2. Ibid., 338-44.

Capítulo 3: O seu Coeficiente de Bondade

1. João 2.1-11; Lucas 19.1-10; Marcos 5.21-34; Mateus 9.22.
2. Gerhard Kittel e Gerhard Friedrich, editores, *Theological Dictionary of the New Testament*, traduzido por Geoffrey W. Bromiley (Grand Rapids: Eerdmans Publishing Co., 1971), 9:483.

Capítulo 4: Em Chamas

1. Paul Lee Tan, *Encyclopedia of 7 700 Illustrations*(Rockville, Md.: Assurance Publishers, 1979), 274.
2. Linda Dillow e Lorraine Pintus, *Gift-Wrapped by God: Secret Answers to the Question "Why Wait?"* (Colorado Springs, Colo.: WaterBrook Press, 2002).
3. Hank Hanegraaff, *The Prayer of Jesus* (Nashville, Tenn.: W Publishing Group, 2001), 13-14.
4. Meus agradecimentos a Jim Baker pelo relato de sua ficção.

Capítulo 5: Deus Não Aprova a "Lei do Galinheiro"

1. Dan McCarney, "Courage to Quit," *San Antonio Express News*, 13 de Julho de 2000, seção 4C.
2. Gerald F. Hawthorne, *Philippians*, vol. 43 da obra *Word Biblical Commentary* (Waco, Texas: Word Publishing, 1983), 70.
3. William Barclay, *The Letter to the Romans,* edição revisada (Filadélfia: Westminster Press, 1975), 164.

Capítulo 6: Uma Convocação à Cortesia

1. King Duncan, *Lively Illustration for Effective Preaching* (Knoxville, Tenn.: Seven World's Publishing, 1987), 61.

Capítulo 7: Tirando o "Eu" de Diante de seus Olhos

1. Gerhard Kittel e Gerhard Friedrich, editores, *Theological Dictionary of the New Testament*, traduzido por Geoffrey W. Bromiley (Grand Rapids: Eerdmans Publishing Co., 1971), 2:660.

Capítulo 8: A Fonte da Ira

1. Dwight Edwards, *Revolution Within* (Colorado Springs, Colo.: WaterBrook Press, 2001), 57-58.
2. Ibid., 58.
3. Robert Emmit, *Anger Management*, uma fita de áudio contendo a gravação de um sermão pregado na Community Bible Church, 2477 East 1604, San Antonio, TX 78232, no dia 14 de janeiro de 2001.

Capítulo 9: O Coração Repleto de Feridas

1. Jerry Schwartz, "Where Does One Stash That Trash Ash?" *San Antonio Express News,* 3 de setembro de 2000, seção 29A.

Capítulo 10: O Teste do Amor

1. Tim Kimmel, citado na obra de Stu Weber, *Tender Warrior* (Sisters, Oreg.: Multnomah Books, 1993), intitulado "Changed Lives," na obra *A 4th Course of Chicken Soup for the Soul* (Deerfield, Fla.: Health Communications, 1977), 60-61.

Capítulo 11: O Amor É Um Pacote Completo

1. Robert J. Dean, *First Corinthians for Today* (Nashville, Tenn.: Broadman Press, 1972), 60.

Capítulo 12: Um Manto de Amor

1. Gerhard Kittel e Gerhard Friedrich, editores, *Theological Dictionary of the New Testament,* traduzido por Geoffrey W. Bromiley (Grand Rapids: Eerdmans Publishing Co., 1971), 7:587.
2. João 8.1-11; Mateus 14.22-33; Marcos 5.1-20; Mateus 17.24-27.
3. Meus agradecimentos ao Dr. Harold Wise e ao Dr. Joe Bob Wise por permitir que contasse a história de seus pais.

Capítulo 13: O Anel da Confiança

1. Barbara Bressi-Donahue, "Friends of the Ring", *Reader's Digest,* Junho de 1999, 154.
2. Robert H. Schuller, *The Peak to Peek Principle* (Garden City, N. Y.: Doubleday and Co., 1980), 107.
3. Alan Loy McGinnis, *Bringing Out the Best in People: How to Enjoy Helping Others Excel* (Minneapolis: Augsburg Books, 1985), 32-33.
4. Alan Loy McGinnis, *The Friendship Factor* (Minneapolis: Augsburg Publishing House, 1979), 51-52.
5. David Jeremiah, *Acts of Love* (Gresham, Oreg.: Vision House Publishing, Inc., 1994), 92.
6. Bressi- Donahue, op. cit., 153-60.

Capítulo 14: Quando a sua Esperança É Pequena

1. Charles Swindoll, *The Tale of the Tardy Oxcart and 1 501 Other Stories*(Nashville, Tenn.: Word Publishing, 1998), 275.

Capítulo 15: Ele Poderia Ter Desistido

1. Meus agradecimentos a J. R. Vassar por este paralelo, e a David Robinson por permitir-me compartilhá-lo.
2. Deborah Hastings, "Firefighters' Reward: Carrying Son's Body", *San Antonio Express News,* 14 de dezembro de 2001, seção 17A.

Capítulo 16: Um Amor Infalível

1. J. I. Packer, *Knowing God* (Downers Grove, Ill.: Inter Varsity Press, 1973), 112.